平台型企业
社会责任对消费者伦理行为的影响研究

嵇国平　罗京城 ◎ 著

企业管理出版社
ENTERPRISE MANAGEMENT PUBLISHING HOUSE

图书在版编目（CIP）数据

平台型企业社会责任对消费者伦理行为的影响研究 / 嵇国平, 罗京城著. -- 北京 : 企业管理出版社, 2024. 12. -- ISBN 978-7-5164-3176-4

Ⅰ. F272-05；F713.55

中国国家版本馆CIP数据核字第2024ZM7744号

书　　名	平台型企业社会责任对消费者伦理行为的影响研究
书　　号	ISBN 978-7-5164-3176-4
作　　者	嵇国平　罗京城
策　　划	蒋舒娟
责任编辑	刘玉双
出版发行	企业管理出版社
经　　销	新华书店
地　　址	北京市海淀区紫竹院南路17号　邮　　编：100048
网　　址	http://www.emph.cn　　电子信箱：metcl@126.com
电　　话	编辑部（010）68701661　发行部（010）68417763 / 68414644
印　　刷	北京亿友数字印刷有限公司
版　　次	2024年12月第1版
印　　次	2024年12月第1次印刷
开　　本	710毫米 × 1000毫米　1/16
印　　张	10.75印张
字　　数	169千字
定　　价	68.00元

版权所有　翻印必究　·　印装有误　负责调换

前　言

企业社会责任（corporate social responsibility，CSR）与消费者的关系一直是理论界研究的热点问题，自平台型企业出现后，学者们便开始从平台角度研究企业社会责任，这既响应了时代发展的需要，也为研究企业社会责任与消费者的关系开辟了新视角。然而，现有研究主要从企业视角研究企业社会责任与消费者的关系，重点关注企业的经济利益，较少从消费者视角对平台型企业社会责任进行研究。

平台型企业既给人们生活带来便利，又有助于解决就业问题，是促进中国经济发展的新动力。但是，由于平台型企业具有主体多元性、边界动态性等特点，其履责会更加复杂，导致责任异化事件频发，这些事件极易引起消费者的关注。另外，消费者在现实生活中是信息劣势方，与消费者相关的伦理问题经常被社会忽视。综上，本书基于消费者视角，探讨平台型企业社会责任如何对消费者伦理行为产生影响。

本书首先基于 SOR 理论模型、组织认同理论与感知质量理论，阐明平台型企业社会责任、消费者企业认同、感知质量、消费者伦理行为与亲社会动机五个变量之间的逻辑关系；其次，结合前人相关研究，正式提出相应的研究假设，并构建以平台型企业社会责任为自变量，以消费者企业认同与感知质量为中介变量，以亲社会动机为调节变量，以消费者伦理行为为因变量的概念模型；最后，应用 565 份样本数据，采用实证分析方法，对本书提出的八个研究假设和模型进行检验。

本书研究结论主要有：平台型企业社会责任能够显著影响消费者伦理行为；平台型企业社会责任能够显著影响消费者企业认同与感知质量；消费者企业认同与感知质量正向影响消费者伦理行为；平台型企业社会责任可通过消费者企业认同与感知质量这两个变量间接影响消费者伦理行为；平台型企业社会责任与消费者企业认同之间的关系会受到调节变量亲社会动机的影响。

本书第1章、第4章与附录内容由罗京城撰写，其他内容由南昌工程学院的嵇国平完成。本书得到江西省社会科学基金项目（战略性企业社会责任对企业绩效的影响研究——以组织认同为中介变量，编号19GL36）的资助，在此表示衷心的感谢。

在撰写本书的过程中，笔者参阅了中外学者相关论著并借鉴了诸多研究成果，在此表示衷心的感谢。

限于笔者研究水平，书中难免有不足之处，敬请读者批评指正。

目 录

第 1 章 绪 论

1.1 研究背景 ·· 1
1.2 研究目的与意义 ·· 2
    1.2.1 研究目的 ·· 2
    1.2.2 研究意义 ·· 3
1.3 研究内容、研究方法与技术路线 ·· 4
    1.3.1 研究内容 ·· 4
    1.3.2 研究方法 ·· 5
    1.3.3 技术路线 ·· 6
1.4 研究创新点 ··· 8
1.5 本章小结 ·· 8

第 2 章 文献综述

2.1 从企业社会责任到平台型企业社会责任的演化 ················· 9
    2.1.1 点式企业社会责任 ··· 10
    2.1.2 链式企业社会责任 ··· 11
    2.1.3 群式企业社会责任 ··· 11

2.1.4 平台型企业社会责任 ·· 12
2.2 平台型企业社会责任相关研究 ·· 13
   2.2.1 平台型企业的概念界定 ·· 13
   2.2.2 PCSR 的概念界定 ·· 14
   2.2.3 PCSR 的治理 ·· 16
   2.2.4 PCSR 的构成 ·· 18
2.3 消费者伦理行为相关研究 ·· 21
   2.3.1 消费者伦理行为的概念界定 ·· 21
   2.3.2 消费者伦理行为的影响因素 ·· 22
   2.3.3 消费者伦理行为的维度 ·· 25
2.4 平台型企业社会责任对消费者行为的影响研究 ······························ 26
2.5 文献评述 ·· 28
2.6 本章小结 ·· 29

第 3 章 理论基础、研究假设与模型构建

3.1 理论基础 ·· 30
   3.1.1 SOR 理论模型 ··· 30
   3.1.2 组织认同理论 ·· 32
   3.1.3 感知质量理论 ·· 33
3.2 研究假设 ·· 34
3.3 模型构建 ·· 40
3.4 本章小结 ·· 41

第 4 章　实证研究设计

4.1　问卷设计 …………………………………………………………… 42

4.2　问卷的发放与收集 …………………………………………………… 47

4.3　本章小结 …………………………………………………………… 47

第 5 章　数据分析与假设检验

5.1　描述性统计分析 ……………………………………………………… 48
    5.1.1　样本人口统计学特征 …………………………………………… 48
    5.1.2　测量指标分析 …………………………………………………… 50

5.2　非响应性偏差检验 …………………………………………………… 52

5.3　共同方法偏差检验 …………………………………………………… 53

5.4　信度分析 …………………………………………………………… 53

5.5　效度分析 …………………………………………………………… 56
    5.5.1　模型适配度 ……………………………………………………… 56
    5.5.2　收敛效度 ………………………………………………………… 58
    5.5.3　区分效度 ………………………………………………………… 62

5.6　相关性分析 …………………………………………………………… 64

5.7　多重共线性检验 ……………………………………………………… 65

5.8　结构方程模型分析 …………………………………………………… 65
    5.8.1　结构方程模型的拟合检验 ……………………………………… 65
    5.8.2　结构方程模型的路径检验 ……………………………………… 66

5.9　中介效应检验 ………………………………………………………… 67

5.10　调节效应分析 ……………………………………………………… 69

5.11　条件过程模型分析：有调节的中介效应分析 ……………………… 70

5.12　本章小结 …………………………………………………………… 73

第 6 章　研究结论与展望

6.1 研究结论 …………………………………………………………… 74
  6.1.1 PCSR 能够显著影响消费者伦理行为 …………………………… 74
  6.1.2 PCSR 能够显著影响消费者企业认同与感知质量 …………… 75
  6.1.3 消费者企业认同与感知质量正向影响消费者伦理行为 ………… 76
  6.1.4 PCSR 通过消费者企业认同与感知质量间接影响消费者
        伦理行为 …………………………………………………………… 77
  6.1.5 PCSR 对消费者企业认同的影响受到亲社会动机的调节 ……… 77
6.2 对企业的实务建议 …………………………………………………… 78
  6.2.1 通过履行 PCSR 提升消费者企业认同与感知质量 …………… 79
  6.2.2 通过提高消费者企业认同与感知质量扩大 PCSR
        对消费者伦理行为的影响 ………………………………………… 80
  6.2.3 通过增强亲社会动机扩大 PCSR 对消费者企业认同的
        影响 ………………………………………………………………… 81
6.3 研究局限与展望 ……………………………………………………… 82

案例专栏 ………………………………………………………………… 84
附录：平台型企业社会责任对消费者伦理行为影响研究调查问卷 ………… 149
参考资料 ………………………………………………………………… 154

第1章 绪 论

1.1 研究背景

大数据、物联网等高新技术的快速发展改变了传统的经济形态，平台经济应运而生，平台型企业成为新的履责主体。但我国企业社会责任实践水平较低，传统监管体制自身带有一定的局限性[①]；另外，平台型企业的履责能力与双边用户的利益诉求不匹配，导致平台型企业履行责任的过程中容易产生冲突与矛盾。现实表明，平台型企业在带来经济机遇的同时也产生了责任问题，如网约车平台恶性安全事件的发生，此类事件会对消费者的生命财产安全造成一定的威胁。我国部分民营企业在履行责任时存在意识松懈与落实不到位等情况。

随着平台经济的兴起，线上消费成为新型消费方式。线上消费属于伦理文化现象，但网络环境的虚拟性以及网络管理制度的不完善使消费者非伦理行为"滋生"并带有持续性，如消费者通过恶意评价要求商家为其退货并赔偿各方面损失。这种非伦理行为导致了消费行业种种困境，不仅损害社会形象，还破坏人与自然的生态系统平衡，不适应经济的可持续发展。

平台型企业社会责任（platform corporate social responsibility，PCSR）异化，消费者非伦理行为频繁发生，给社会带来诸多危害。伦理消费是人类社会可持

---

① 肖红军，阳镇，姜倍宁. 平台型企业发展："十三五"回顾与"十四五"展望[J]. 中共中央党校（国家行政学院）学报，2020，24（06）：112-123.

续发展的要求，实现人类社会可持续发展不仅要求企业积极履行社会责任，降低生产经营过程给人类环境带来的负向影响，也要求消费者从根本上改变其观念及行为[①]。随着社会的发展，消费者越发关注企业履行社会责任的能力[②]。当消费者发现自己关注或信任的平台型企业极其注重社会责任时，他对该平台型企业的认同感和感知质量就会受到正向影响；相反，企业如果不注重社会责任，会引起消费者对企业产品或服务的怀疑，甚至抵触情绪[③④]。此外，目前大多数文献是从企业视角研究企业社会责任与消费者的关系，较少从消费者视角对企业社会责任进行研究。通过整理相关文献发现，企业社会责任的履行情况不仅对企业生存与盈利产生影响，更在一定程度上对消费者的购买意愿与伦理行为产生影响[⑤⑥⑦]。因而，本书基于消费者视角，探讨平台型企业社会责任影响消费者伦理行为的情境因素与内在机制。

1.2 研究目的与意义

1.2.1 研究目的

本书以消费者作为研究对象，采取定性研究与定量研究相结合的方法，探究消费者企业认同与感知质量在 PCSR 与消费者伦理行为之间所发挥的作用，分析亲社会动机在 PCSR 与消费者企业认同之间发挥的调节作用。主要研究目的如下：

---

① 侯海青. 消费者伦理消费行为及推进策略探讨 [J]. 中国管理信息化，2015，18（21）：144-146.
② 康萍. 平台企业社会责任视角下消费者非伦理行为的治理研究 [D]. 武汉：武汉理工大学，2020.
③ 谢骞. 平台企业社会责任对消费者购买意愿的影响研究 [D]. 杭州：杭州电子科技大学，2022.
④ 高文燕. 乳制品企业社会责任对消费者购买意愿的影响研究 [D]. 哈尔滨：黑龙江大学，2018.
⑤ 康萍. 平台企业社会责任视角下消费者非伦理行为的治理研究 [D]. 武汉：武汉理工大学，2020.
⑥ 宋东辉. 企业内部责任感知对消费者购买意愿的影响研究 [D]. 广州：广东财经大学，2018.
⑦ 邓新明，龙贤义. 企业社会责任、公司评价与消费者响应 [J]. 中南财经政法大学学报，2017（05）：126-136.

①搭建 PCSR 与消费者伦理行为的概念模型。基于 SOR（stimulus organism response）理论模型、组织认同理论与感知质量理论，将消费者企业认同与感知质量作为中介变量，将亲社会动机作为调节变量，构建 PCSR 影响消费者伦理行为的概念模型，以丰富 PCSR 与消费者伦理行为的相关研究。

②探明 PCSR 影响消费者伦理行为的情境因素和内在机理。采取数据统计分析方法，对 565 份样本数据进行分析，检验上述概念模型的效用，以深入探明 PCSR 对消费者伦理行为影响的情境因素与内在机理。

1.2.2 研究意义

本书通过构建 PCSR 与消费者伦理行为的概念模型，探讨两者之间的关系；基于此，对企业提出管理方面的三条建议，激励消费者实施伦理行为。因此，本书具有一定的理论意义和现实意义。

1. 理论意义

①充实 PCSR 相关研究。本书采取实证分析方法，研究 PCSR 对消费者伦理行为的影响，并基于二者的关系对企业提出实务建议，激励消费者实施伦理行为。同时，这在一定程度上拓宽了 PCSR 的研究视角，丰富了 PCSR 相关研究成果。

②推进消费者伦理行为相关研究。目前，大多数学者聚焦于卖方伦理问题的研究，较少关注消费者伦理问题，但消费者伦理问题对企业、行业与社会的发展具有巨大影响。因此，本书探究平台经济背景下的消费者伦理行为，厘清 PCSR 对该行为的影响机理，既促进了学者对伦理相关问题的关注，又延伸和拓展了消费者行为的研究范畴。

③深化 PCSR 与消费者伦理行为关系的研究。本书在既有研究的基础上进一步分析了消费者企业认同与感知质量在 PCSR 与消费者伦理行为之间的中介作用，以及亲社会动机在 PCSR 与消费者企业认同之间的调节作用，这也能在一定程度上增强平台型企业履责的积极性。

2. 现实意义

①有助于维护平台型企业与消费者之间的关系。本研究有利于平台型企业深刻了解消费者群体对企业履责的在意程度，促使企业自觉维护消费者权益。企业可以通过采取有针对性的惠民营销策略，提升消费者的企业认同与感知质量，与消费者之间建立互通互助的长期合作关系。

②有利于激励平台型企业积极履责。企业生存与盈利受到消费者行为的影响，因此，企业可以通过积极履行 PCSR 促进消费者实施伦理行为，从而降低企业遭受损失的概率。

③有利于优化平台经济市场秩序。本书从企业积极履行社会责任能够满足消费者"特定需求"这一实际情况出发，厘清消费者企业认同与感知质量这两个变量在 PCSR 与消费者伦理行为之间所发挥的中介作用。在此基础上，本书提出企业应注重保护消费者数据与隐私、提高产品与物流质量等建议，企业采纳建议可以激励消费者采取伦理行为，优化平台经济市场秩序。

1.3　研究内容、研究方法与技术路线

1.3.1　研究内容

本书基于 SOR 理论模型、组织认同理论与感知质量理论，构建 PCSR、消费者企业认同、感知质量、消费者伦理行为与亲社会动机五个变量之间的概念模型，采取 SPSS23.0 与 Mplus8.0 分析软件对 565 份样本数据进行分析，证明 PCSR 对消费者伦理行为的影响，并对企业提出三点实务建议，激励消费者采取伦理行为。具体研究内容如下：

1. 基本概念与理论研究

首先，对文献进行梳理与归纳，总结有关从 CSR 到 PCSR 的演化、PCSR、消费者伦理行为、PCSR 对消费者行为的影响等的研究成果；其次，

分别对 SOR 理论模型、组织认同理论与感知质量理论进行阐述,为后文提出 8 个研究假设、构建理论模型、数据分析与假设检验奠定理论基础。

2. 探讨 PCSR 对消费者伦理行为的影响,旨在验证 PCSR 与消费者伦理行为之间的关系

首先,基于文献综述和理论基础,提出研究假设,构建本书的理论模型。该模型以 PCSR 为自变量,以消费者企业认同与感知质量为中介变量,以消费者伦理行为为因变量,以亲社会动机为调节变量;其次,借鉴成熟量表,完成五个变量的问卷设计,形成最终的量表;再次,向消费者发放及回收问卷,对回收的样本数据进行筛选,最终得到 565 份有效数据;接下来,借助于 SPSS23.0 分析软件对回收的 565 份有效数据进行描述性统计分析、非响应性偏差检验、共同方法偏差检验、相关性统计分析、信度分析、多重共线性检验等,借助于 Mplus8.0 分析软件进行结构方程分析,对模型的拟合情况与路径系数进行检验,通过中介效应分析验证消费者企业认同与感知质量的中介作用,通过调节效应分析对亲社会动机的调节效应进行检验,并对条件过程模型进行分析;最后,总结并分析以上验证结果。

3. 对企业提出三点实务建议,激励消费者采取伦理行为

本书根据研究结论,有针对性地对企业提出以下三点实务建议:通过履行 PCSR 提升消费者企业认同与感知质量;通过提高消费者企业认同与感知质量,进一步扩大 PCSR 对消费者伦理行为的影响力;通过提高亲社会动机水平,扩大 PCSR 对消费者企业认同的影响。

1.3.2 研究方法

1. 文献研究法

文献研究法应用于本书的第 2 章与第 3 章。在第 2 章中,应用这一方法对 PCSR、消费者伦理行为等变量的相关文献进行梳理与分析;在第 3 章中,对组织认同理论、SOR 理论与感知质量理论的相关文献进行整理,为本书提出 8 个研究假设、搭建整体理论模型奠定理论基础。

2. 问卷调查法

首先，本书根据所借鉴量表的信效度与研究背景是否与本书相契合，确定本书每个变量的测量题项，最终形成包含五个变量的测量量表；其次，采用 Likert 5 级量表对量表进行计分，完成本书的问卷设计；再次，向消费者发放问卷，提醒消费者按照自身真实情况以及问卷填写要求作答；最后，回收并筛选问卷，得到 565 份数据，作为本书数据分析与假设检验的数据来源。

3. 数据统计分析法

数据统计分析法主要应用于本书的第 5 章，第 5 章借助于 SPSS23.0 和 Mplus8.0 分析软件对 565 份样本数据进行分析。首先，进行样本人口统计学特征、测量指标分析，采取配对样本 T 检验方法对非响应性偏差问题进行检验，使用验证性因子分析与 Harman 单因素法检验共同偏差问题，对量表的信效度以及相关性进行分析；其次，采取 Bootstrap 法和 Sobel 法完成对消费者企业认同与感知质量中介作用的检验；最后，进行调节分析与有调节的中介效应分析。

1.3.3 技术路线

本书的技术路线如图 1.1 所示。

→ 第1章 绪 论

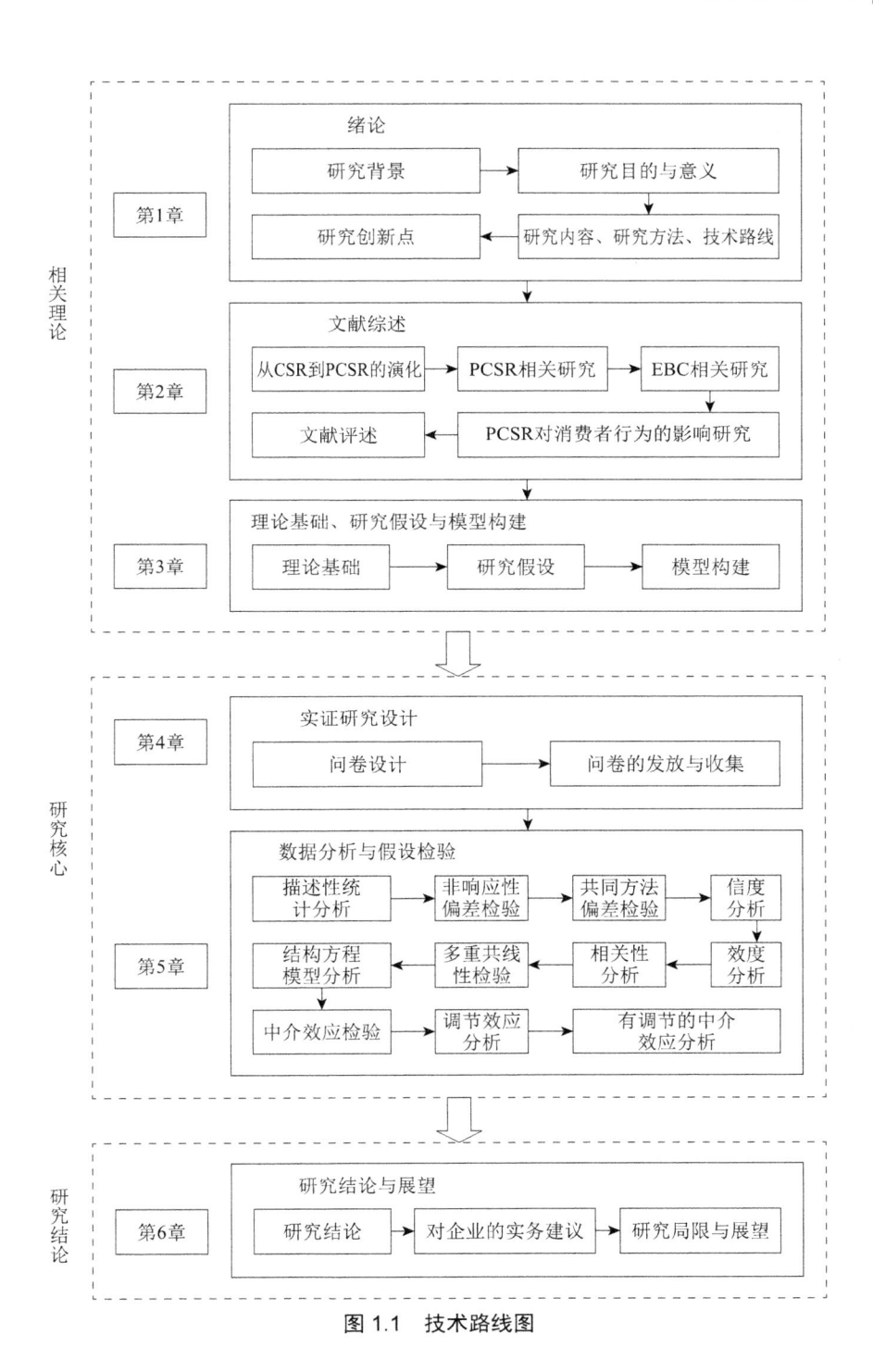

相关理论

第1章
- 绪论
  - 研究背景 → 研究目的与意义
  - 研究创新点 ← 研究内容、研究方法、技术路线

第2章
- 文献综述
  - 从CSR到PCSR的演化 → PCSR相关研究 → EBC相关研究
  - 文献评述 ← PCSR对消费者行为的影响研究

第3章
- 理论基础、研究假设与模型构建
  - 理论基础 → 研究假设 → 模型构建

研究核心

第4章
- 实证研究设计
  - 问卷设计 → 问卷的发放与收集

第5章
- 数据分析与假设检验
  - 描述性统计分析 → 非响应性偏差检验 → 共同方法偏差检验 → 信度分析
  - 结构方程模型分析 ← 多重共线性检验 ← 相关性分析 ← 效度分析
  - 中介效应检验 → 调节效应分析 → 有调节的中介效应分析

研究结论

第6章
- 研究结论与展望
  - 研究结论 → 对企业的实务建议 → 研究局限与展望

图 1.1 技术路线图

1.4 研究创新点

本书的研究创新有如下三点：

①本书基于 SOR 理论模型、组织认同理论与感知质量理论，构建了以 PCSR 为自变量，以消费者认同与感知质量为中介变量，以消费者伦理行为为因变量，以亲社会动机为调节变量的关系模型。

②本书基于理论与实证研究相结合的方法，揭示了 PCSR 影响消费者伦理行为的情境因素和内在机理。

③现有研究主要从企业视角研究企业社会责任与消费者的关系，重点关注企业的经济利益；本书基于消费者视角，构建 PCSR 影响消费者伦理行为的概念模型。

1.5 本章小结

本章阐述了互联网背景下 PCSR 对于消费者伦理行为的重要意义，还介绍了研究背景、研究目的与意义，明确了研究内容与方法，提出了创新点，为下文展开深入研究做好铺垫。

第 2 章　文献综述

2.1　从企业社会责任到平台型企业社会责任的演化

PCSR 研究来源于 CSR 研究，是对 CSR 相关研究的发展。辛杰等对近 20 年来 CSR 研究领域的脉络进行梳理，发现 CSR 研究是从单体阶段发展到供应链阶段，再到集群阶段，直到现在的平台阶段[1]。这四个阶段有各自独特的 CSR 特征和语境范式，其中单体阶段对应的是点式 CSR，供应链阶段对应的是链式 CSR，集群阶段对应的是群式 CSR，平台阶段对应的是 PCSR。四个阶段并不是各自独立的，可能在一个时间段同时出现多个阶段。下文分别对四个阶段进行概述，并进行比较，比较结果如表 2.1 所示。

表 2.1　企业社会责任四阶段比较

对比项	单体阶段	供应链阶段	集群阶段	平台阶段
CSR 特征	点式 CSR	链式 CSR	群式 CSR	PCSR
主导年代	1923—2010 年	2003 年至今	2009 年至今	2016 年至今
范式	利益相关者	链条合作化	集群组织化	平台生态圈与共生
组织关系	点与点	点与链	点与网	超网络
驱动因素	道德、社会压力、财务	生产连续性、风险防范、财务	社会风险防范、财务和衍生目标	多元价值、共同价值驱动，创造市场

---

[1] 辛杰，屠云峰，张晓峰. 平台企业社会责任的共生系统构建研究 [J]. 管理评论，2022，34（11）：218-232.

续表

对比项	单体阶段	供应链阶段	集群阶段	平台阶段
驱动逻辑	制度规制、德行逻辑	工具理性、市场逻辑	市场逻辑与社会逻辑逐步混合	社会逻辑、价值共创与共享逻辑
状态	良好企业公民，合规道德经营	责任融于战略，产业链合作与分享	跨界合作，催化社会创新	形成互动、共生、平衡的生态环境，共同解决问题
管理目标	实现道德追求，增强合法性资源	规避社会风险，增强公众信任	将社会问题转化为商业价值并增值	不同社会主体实现多元价值并实现价值共享
主客关系	各自独立	竞争合作性	合作性	互动、共享、共生
价值创造主体	企业与消费者	链条利益相关者	集群利益相关者	企业与所有参与者
决策模式	规则命令	规则命令+协商	共同参与+协商	多元主体协作共生
组织形式	科层制	科层制+链条	科层制+集群	扁平化、去中心化

2.1.1 点式企业社会责任

传统的 CSR 研究主要聚焦于"为什么"与"怎么做"。关于企业为什么要履行社会责任的问题，学者们采取系列研究探讨企业履行社会责任的必要性。有学者从 CSR 与企业绩效之间关系的角度阐述企业履责的必要性，传统的研究认为 CSR 与企业绩效并不相关[1]。然而，随着研究的深入，我国学者发现，两者之间存在正相关关系[2]，李正通过研究发现 CSR 正向影响企业绩效，因而，企业为了提高自身绩效水平，会积极履行 CSR[3]。学者们还从 CSR 履责范式角度研究企业怎么履行社会责任的问题。Aguinis 和 Glavas 研究发现本阶段 CSR 范式主要为利益相关者范式，该范式具体是指，CSR 主体与客体彼此独立，企业承担 CSR 主要迫于道德、社会压力与企业盈利等方面的压力，基于上述压力，企业会采取合规伦理的经营方式，努力树立一个良好的企业形

---

[1] Waddock S A, Graves S B. The corporate social performance financial performance link[J].Strategic Management Journal,1997,18（4）：303-319.

[2] 蒋天旭.企业社会责任与绩效关系的实证检验[J].统计与决策，2019，35（19）：167-171.

[3] 李正.企业社会责任与企业价值的相关性研究——来自沪市上市公司的经验证据[J].中国工业经济，2006（02）：77-83.

象[1]。但随着社会发展与理论研究的深入，学者们认为这一阶段 CSR 范式不再适用，这一阶段企业着重从自身出发，逻辑起点是企业自身行为对社会造成的影响，它只能承担影响能力范围内的管理与回应责任，所以传统的 CSR 难以适应社会的快速发展，导致企业在履责过程中不断发生问题[2]。因而，传统的 CSR 需要升级。

2.1.2　链式企业社会责任

随着社会的快速发展，企业发现各自独立是行不通的，于是开始抱团，以产业链的形式合作，此时 CSR 从点式阶段发展到链式阶段。链式 CSR 不同于点式 CSR，它是对点式 CSR 的升级，其范式、管理目标等均发生改变。在链式 CSR 中，企业以合作为导向，协同性大大增强，CSR 主体与客体之间既合作又竞争，此时 CSR 管理的目的是规避社会风险并且取得公众信任[3]。处于供应链上的利益相关者荣辱与共：供应链上任何一个节点出现 CSR 缺失问题，不仅会对企业自身造成影响，也会影响整个供应链；当然，如果在供应链上的企业积极履行 CSR，那么整条供应链上的利益相关者都是受益者[4]。因而，处于供应链上的所有企业要以责任生产为导向，不仅要坚守法律底线，更要以实现整体供应链的可持续发展为目标。

2.1.3　群式企业社会责任

企业无法作为个体存在，无法脱离产业集群的范围。产业集群中的个体之间不是简单线性关系，而是存在经济或社会方面的"相互羁绊"，企业行为不

---

[1] Aguinis H G, Glavas A. What we know and don't know about corporate social responsibility: A review and research agenda[J]. Journal of Management,2012,38（4）：932-968.

[2] 肖红军. 平台化履责：企业社会责任实践新范式[J]. 经济管理，2017, 39（03）：193-208.

[3] Chang M S. Equilibrium analysis and corporate social responsibility for supply chain integration[J]. European Journal of Operational Research,2008,190(1):116-129.

[4] 辛杰, 吴创, 刘欣瑜, 等. 量子范式下平台企业社会责任的共生演进与场景化实践[J]. 管理学报，2023，20（04）：502-511.

仅会影响产业集群内其他利益相关者，还会对企业所处社会环境造成影响[1]。因此，集群中的利益相关者形成合作意识，实现合作共赢，通过成员之间协商互动、建立具有相同目标的团体等方式构建出一个"小型社会企业"，该"企业"的目标是保障集群所有参与者的利益，促进产业集群的健康可持续发展[2]。为了更好地实现产业集群的健康可持续发展，群式 CSR 在社会风险防范、财务和衍生目标等因素的驱动下，通过集群利益相关者合作的方式，达成将社会问题转化为商业价值并实现增值的目标。然而，随着平台经济的兴起，集群式 CSR 在平台背景下面临多重困难：平台生态圈内部纷繁复杂，使具有合作性的集群难以形成；马太效应使得平台与卖家间竞争加剧，不符合集群 CSR 的主客关系；平台背景下"搭便车"问题越发严重[3]。因而，为了解决这些困难，需要对集群 CSR 进行升级。

2.1.4 平台型企业社会责任

不同于传统的单边市场，平台型企业因连接双边用户而具有双边或多边市场，并与双边用户等利益相关者共同构成平台商业生态圈。在该生态圈中，成员可以共享不同类型的资源，如解决 CSR 问题所需的信息、要素、知识等资源[4]。生态圈内成员通过自我调节、交换合作、动态匹配等方式，将自身资源转化为平台网络共享资源，最终实现共同创造和分享社会价值的发展目标[5]。平台型企业的出现也伴随着 PCSR 的出现，PCSR 出现具有正当性，学者们对此展开深入研究与分析。例如肖红军和阳镇通过研究证明，无论是在市场逻辑与社会逻辑各自主导下，还是在两种逻辑相融合的条件下，企业承担社会责任

---

[1] 张丹宁，唐晓华. 网络组织视角下产业集群社会责任建设研究 [J]. 中国工业经济，2012（3）：82-94.
[2] Hoivik H W, Shankar D. How can SMEs in a cluster respond to global demands for corporate responsibility? [J]. Journal of Business Ethics,2015,108(2):175-195.
[3] 肖红军. 平台化履责：企业社会责任实践新范式 [J]. 经济管理，2017，39（03）：193-208.
[4] 肖红军，李平. 平台型企业社会责任的生态化治理 [J]. 管理世界，2019，35（04）：120-144；196.
[5] 肖红军. 平台化履责：企业社会责任实践新范式 [J]. 经济管理，2017，39（03）：193-208.

都具有正当性，最终得到 PCSR 在双层制度逻辑下具有正当性的命题[1]；朱晓娟和李铭以电子商务平台型企业作为分析对象，从宏观和微观角度，依据平台型企业对自身的角色定位以及发生的问题，阐述 PCSR 的必要性[2]。PCSR 的出现不仅具有正当性，还展现出了强大的生命力，平台型企业依托 PCSR 各环节之间的深度融合，实现平台各方的紧密联合与协同演进，其目的在于构建共商、共建、共享的价值网络平台和形成价值共创的社会责任生态圈。与点式 CSR、链式 CSR、群式 CSR 相比，PCSR 具有双边或多边特性、圈层性、虚拟性、复杂性与多主体性等特性[3]。

2.2 平台型企业社会责任相关研究

平台型企业要想在盈利的同时实现可持续发展，必须主动承担起对员工、双边用户、社会公众等利益相关者的责任，及时处理责任异化事件，这也是促进社会经济持续繁荣发展的关键[4]。与传统履责范式不同，平台化履责是一种新型的履责范式。接下来本书从平台型企业的概念界定、PCSR 的概念界定、PCSR 的治理与 PCSR 的构成四个方面展开论述。

2.2.1 平台型企业的概念界定

平台型企业是平台商业生态圈中的核心主体之一，这种新型企业具有传统企业无法比拟的超高价值创造能力，它的出现是传统企业发展的大势[5]。本书

---

[1] 肖红军，阳镇. 平台企业社会责任：逻辑起点与实践范式[J]. 经济管理，2020，42（04）：37-53.
[2] 朱晓娟，李铭. 电子商务平台企业社会责任的正当性及内容分析[J]. 社会科学研究，2020（01）：28-36.
[3] Parker G, Alstyne M V. Platform revolution[M]. New York: W. W. Norton & Company,2016.
[4] 李广乾，陶涛. 电子商务平台生态化与平台治理政策[J]. 管理世界，2018，34（06）：104-109.
[5] Stabell C B,Fjeldstad D.Configuring value for competitive advantage: On chains, shops and networks[J].Strategic Management Journal,1998(5): 413-437.

主要从运营、组织与功能三个角度对国内外学者关于平台型企业的界定进行阐述，如表 2.2 所示。

表 2.2　平台型企业定义汇总

视角	平台型企业的定义	来源
运营	平台生态圈的主导者、交易规则的制定者、秩序的维护者，它是为平台参与者提供所需要的产品、服务或技术支持的中心企业	Gawer（2021）
	商业生态系统内的最小组成者之一，依据价格策略向供给侧与需求侧用户提供产品、服务，促成双边用户交易，从而获取企业利益	王娜（2016）
组织	通过互联网技术，为商业生态系统内利益相关者交易、互动提供技术支撑，以实现双边用户精准交易、高效沟通，降低交易过程中产生的成本为目标，最终促进平台型企业发展	阳镇等（2018）
	连接双边用户的平台搭建者，为双边用户创造交易、互动的机会，是促进双边市场价值创造的独立组织载体	阳镇和陈劲（2021）
功能	基于平台价值主张，利用网络平台连接和聚合双边用户发挥网络效应	肖红军和阳镇（2020）
	以各地方政府为融资平台的企业，该企业的成立由政府提供财政支持、分配土地和股权等，企业本身具备为政府项目融资的功能	王晨阳（2021）

基于上述学者对平台型企业的界定，本书认为平台型企业是指通过互联网技术搭建的企业，它为商业生态圈所有成员提供交易、互动的场所，它既是管理者也是被管理者，具有虚拟性、交叉性、网络外部性等特征。

2.2.2　PCSR 的概念界定

CSR 的概念是由美国学者 Sheldon 在其著作中第一次提出的，Sheldon 指出企业经济活动中包含道德因素[①]。因而，企业在提供产品和服务的过程中，

---

① Sheldon B A. The social responsibility of management[M]. London: Sir Isaac Pitman and Sons, 1924.

不仅要确保企业自身利益得到保障，还要满足外部利益相关者的需要。随着社会的发展，CSR 在社会实践中被越来越多的学者关注与研究，其内涵得到不断完善与发展。Bowen 认为企业家的社会责任是指企业家有义务根据社会的发展目标要求进行决策以及制定发展战略，即企业家在做出相应决策或相关行动之前，需要思考社会价值观等因素可能产生的影响[1]。Carroll 认为 CSR 是指社会民众对企业的期待[2]。

基于以上学者对 CSR 的界定，我国学者以 PCSR 为主题展开一系列研究。阳镇认为 PCSR 是公司和政府双重评估行为[3]；李英认为，企业除了积极履行 CSR 外，在有余力时，还需要发挥自身对双边用户的监督管理作用[4]。公司行为是从私人属性的角度理解，在该属性下平台型企业扮演的是提供私人产品和服务的角色；政府行为是从公共属性的角度理解，在该属性下平台型企业扮演"准政府"角色，它的社会责任范畴就包括企业与政府这两种角色融合体的边界[5]。从利用自身资源和自身影响力的角度出发，平台型企业可分为独立主体和商业运作平台两个部分[6]。康萍从 PCSR 构成的角度出发，认为 PCSR 是指平台型企业对其利益相关者履行经济、法律、伦理、慈善等不同方面的责任，目的是维护利益相关方的利益，为使企业获利最大化而采取行动[7]。谢骞认为 PCSR 是指平台型企业在日常经营中应当遵守的价值导向，平台型企业作为平台生态系统中的一员，需要对其利益相关者、所处的社会和环境承担起责任和义务[8]。

基于上述学者的研究，本书认为 PCSR 是指平台型企业对其所在平台商业

---

[1] Bowen H R, Johnson F E. Social responsibility of the businessman[M]. New York: Harper, 1953.

[2] Carroll A B. A three dimensional conceptual model of corporate social performance[J]. The Academy of Management Review, 1979, 4: 497-506.

[3] 阳镇. 平台型企业社会责任：边界、治理与评价[J]. 经济学家, 2018（05）：79-88.

[4] 李英. 平台型企业社会责任、舆论环境与企业绩效研究[D]. 济南：济南大学, 2020.

[5] 肖红军, 阳镇. 平台企业社会责任：逻辑起点与实践范式[J]. 经济管理, 2020, 42（04）：37-53.

[6] 朱晓娟, 李铭. 电子商务平台企业社会责任的正当性及内容分析[J]. 社会科学研究, 2020（01）：28-36.

[7] 康萍. 平台企业社会责任视角下消费者非伦理行为的治理研究[D]. 武汉：武汉理工大学, 2020.

[8] 谢骞. 平台企业社会责任对消费者购买意愿的影响研究[D]. 杭州：杭州电子科技大学, 2022.

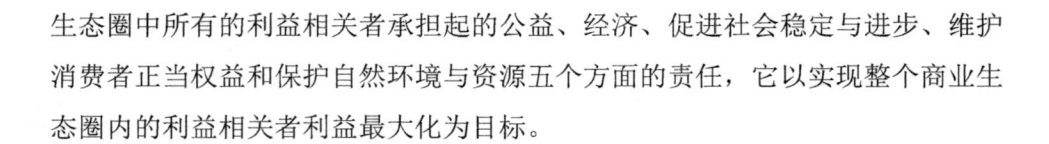

生态圈中所有的利益相关者承担起的公益、经济、促进社会稳定与进步、维护消费者正当权益和保护自然环境与资源五个方面的责任，它以实现整个商业生态圈内的利益相关者利益最大化为目标。

2.2.3 PCSR 的治理

PCSR 治理是指在互联网平台背景下，政府、平台型企业以及其他利益相关者等治理主体，规范平台生态系统内部成员（平台型企业、双边用户、平台型企业与双边用户）履行责任行为，治理责任异化问题。就其本质而言，PCSR 治理是一种 CSR 实践行为。苏明明和叶云基于肖红军和李平的研究，将 PCSR 治理分为作为独立运作平台时的社会责任治理、作为商业平台时的社会责任治理以及作为资源配置平台时的社会责任治理三种类型[①]。下文就治理原因、治理模式、治理机制展开论述。

1. 治理原因

Parker 等认为平台治理的根本原因是平台的跨边网络效应，该效应可以为企业带来更大的市场份额和企业价值[②]。Laura 等采取元治理方法的原因在于 PCSR 中的各利益主体之间经常发生矛盾纠纷[③]。苏明明和叶云发现 PCSR 治理的原因有法律、行业、企业与消费者四个方面的因素，其中法律方面的因素包括基础性法治建设不足、监管手段与方法单一，行业方面的因素有行业监管规则不足、缺乏专业型监管人员，企业方面的因素主要是平台自我规制机制不健全，企业无法保障消费者权益属于消费者方面的因素。

2. 治理模式

中国学者对 PCSR 领域的治理模式展开研究，发现 CSR 治理模式经历了"个

---

① 苏明明，叶云. 平台企业社会责任治理研究：内涵、动因与模式[J]. 财会月刊，2022（19）：135-143.

② Parker G G, Alstyne M V. Two-sided network effects: A theory of information product design[J]. Management Science, 2005, 51(10):1494-1504.

③ Laura A, Sandra W. Networked CSR governance: A whole network approach to meta governance[J]. Business & Society, 2018, 57(10):636-675.

体自治——政府治理——社会治理——多中心网络治理——生态化治理——多中心协同治理——多主体网络共治"的变迁。

个体自治模式是平台型企业构建履行责任的自组织网络,基于成本与竞争机制,在企业经营管理过程中融入CSR管理,依赖企业职能部门及员工,实现经济目标[①]。政府治理模式下,政府主要发挥制度供给的功能,利用公共管理职能对受体施加影响,具体表现为针对社会责任异化行为制定规章制度[②]。社会治理模式下,平台型企业作为治理对象,非政府组织等作为治理主体,通过奖惩机制等对伪社会责任、责任异化与缺失等行为施加治理[③]。多中心网络治理模式将企业自治与政府治理结合起来,各种治理主体有机结合,协同治理,搭建起全方位的治理网络。生态化治理模式下,需要构建CSR共同体,采取分层与跨层、全景式、跨生态位互治与网络化共治构成的核心框架实施治理。其中跨生态位互治是通过构建共同体,将主要生态位成员纳入生态化治理[④]。苏明明和叶云认为在生态商业圈中,圈内成员互惠共生,成员的健康发展依靠生态圈的发展,成员的异化行为也会影响整个生态圈的发展,所以平台型企业应该加强与不同生态位成员之间的CSR组织协调功能,形成一个以平台型企业为中心,共享社会责任知识的网络[⑤]。多中心协同治理模式下,通过协同治理机理有效实现内部效率与外部制度有效统一,整合网络社会化资源,破解动态式的治理困境[⑥]。岳鹄等采取演化博弈的方法,构建三方博弈模型,对小微平台的CSR问题进行分析,研究结果表明须构建以平台型企业、政府、小微

---

① 阳镇,许英杰.平台经济背景下企业社会责任的治理[J].企业经济,2018,37(05):78-86.
② 肖红军,李平.平台型企业社会责任的生态化治理[J].管理世界,2019,35(04):120-144;196.
③ 肖红军,阳镇.平台企业社会责任:逻辑起点与实践范式[J].经济管理,2020,42(04):37-53.
④ 浮婷,王欣.平台经济背景下的企业社会责任治理共同体——理论缘起、内涵理解与范式生成[J].消费经济,2019,35(05):77-88.
⑤ 苏明明,叶云.平台企业社会责任治理研究:内涵、动因与模式[J].财会月刊,2022(19):135-143.
⑥ 易开刚,黄慧丹.平台经济视阈下企业社会责任多中心协同治理模式研究——基于平台型企业视角双案例的研究[J].河南社会科学,2021,29(02):1-10.

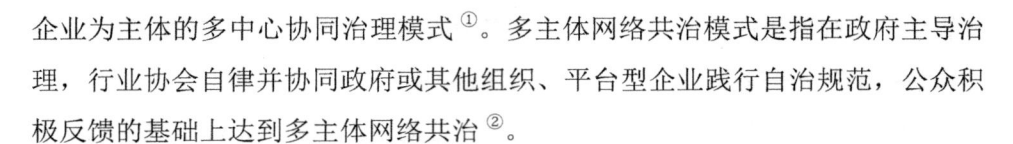

企业为主体的多中心协同治理模式[①]。多主体网络共治模式是指在政府主导治理，行业协会自律并协同政府或其他组织、平台型企业践行自治规范，公众积极反馈的基础上达到多主体网络共治[②]。

3. 治理机制

王晨阳基于双边理论对 PCSR 的治理进行研究，发现企业可通过采取定价机制等经济手段实现对双边用户行为的监管，完成对 PCSR 异化问题的治理，此外，还可采取声誉激励机制、市场准入机制与监督机制等[③]。在不同的治理模式下应采用不同的治理机制，如在个体自治模式下采取考核认证、声誉激励与审核监管机制；在政府治理模式下采取评估、监督与激励机制；在多中心网络化治理模式下采取个体、政府与公民社会组织的 CSR 治理机制；在生态化治理模式下，对主要生态位采取责任型审核与过滤机制、责任型监督与惩戒机制、个体社会责任治理管理机制与责任型运行规则与程序等，对主要生态位与扩展位采取协同治理机制。

2.2.4 PCSR 的构成

高亚林将 PCSR 划分为外在和内化两种类别，其中外在责任由经济与法律两种责任构成，内化责任由伦理与慈善两种责任构成[④]。陈俊龙等根据李国平对 CSR 的划分方法认为 PCSR 由强制性社会责任与自愿性社会责任构成[⑤]。胡英杰等将互联网 PCSR 划分为经济、法律、伦理以及自由决定的责任四个维度，

[①] 岳鹄，刘汉文，衷华，等．基于演化博弈的小微平台社会责任问题协同治理研究 [J]．工业工程，2022，25（05）：143-152.

[②] 曹倩，杨林．平台型企业社会责任治理的国际经验借鉴与政策体系构建 [J]．经济体制改革，2021（03）：174-179.

[③] 王晨阳．我国平台型企业社会责任治理研究——基于双边视角 [J]．商业经济，2021（08）：122-124.

[④] 高亚林．平台企业社会责任的二元体系及风险成因 [J]．人民论坛·学术前沿，2020（12）：108-111.

[⑤] 陈俊龙，王英楠．平台型企业社会责任多元治理研究 [J]．现代管理科学，2021（07）：74-82.

并将其与传统 CSR 进行差异分析[①]。相比于对 PCSR 构成的研究，学界对 CSR 构成的研究较为全面，下文对与 CSR 构成有关的文献进行梳理。学者对 CSR 构成进行划分时所选取的依据多样，本书将学者分为国内与国外两类，并按照不同维度进行整理。

国外学者对 CSR 的划分维度不一，按照维度由少到多整理，如表 2.3 所示。其中，Carroll 认为 CSR 由经济、法律、伦理和慈善四个维度的责任构成[②]，Woo 和 Jin 将 CSR 划分为人权、劳工、社会、环境、产品和经济六个维度的责任[③]，Modic 将 CSR 划分为八个维度的责任。

表 2.3 国外学者对 CSR 的划分

	企业社会责任的维度	参考文献
四维度	经济、法律、伦理、慈善	Carroll（1979）
	经济、法律、伦理与自由裁量	Marin 等（2012）
	顾客、股东、员工和社会	Perez 和 Del（2013）
	经济、法律、道德与人道主义	Brusseau（2016）
六维度	人权、劳工、社会、环境、产品和经济	Woo 和 Jin（2016）
七维度	顾客、员工、环境、社区、社会、股东和供应商	Oberseder 等（2014）
八维度	产品制造、产品营销、员工培训、环境保护、企业内部福利、企业内部机会、员工安全与健康以及参与慈善	Modic（1988）

国内大多数学者也对 CSR 进行了多种维度的划分，按照维度由少到多整理，如表 2.4 所示。其中，刘凤军等认为社会责任可分为承诺、水平、时间选

---

① 胡英杰，郝云宏，陈伟. 互联网平台企业与传统制造企业社会责任差异研究——基于构建双循环新发展格局背景分析 [J]. 重庆大学学报（社会科学版），2021：1-12.

② Carroll A B. A three dimensional conceptual model of corporate social performance[J]. The Academy of Management Review,1979, 4:497-506.

③ Woo H, Jin B. Culture doesn't matter? The impact of apparel companies' corporate social responsibility practices on brand equity[J].Clothing & Textiles Research Journal,2016.34(1):20-36.

择与关联度四个层面[①]；金立印从消费者角度出发，认为 CSR 可以从公益赞助、保护资源与环境、社会、维护消费者权益以及经济五个方面进行评价[②]；康萍按照金立印的划分方法将 PCSR 分为公益、保护自然环境与资源、经济快速发展、维护消费者正当权益和促进社会稳定与进步五个维度[③]；齐丽云等将 CSR 划分为八个维度，即劳动实践、消费者问题、人权、环境、公平运营、责任治理、经济、社区发展[④]。其中，康萍从消费者角度对 PCSR 进行测量，与本书研究背景相符，且问卷的信效度较好，因而，本书参考康萍对 PCSR 的维度划分。

表 2.4 国内学者对 CSR 的划分

	企业社会责任的维度	参考文献
二维度	内部社会契约、外部社会契约	李伟（2003）
四维度	利益相关者、社会福利、整体的经济发展、社会公益	卢代富（2002）
	环境、社会、市场、科学发展	买生等（2012）
	政府、消费者、社区、股东和员工责任	田虹等（2014）
	承诺、水平、时间选择、关联度	刘凤军等（2015）
	责任管理、市场责任、社会责任、环境责任	中国社科院（2010）
五维度	职工权益保护、人权保障、企业社会责任管理、商业道德遵循以及社会公益行动	李立清（2006）
	公益赞助、保护资源与环境、社会、维护消费者权益、经济	金立印（2006）
八维度	劳动实践、消费者问题、人权、环境、公平运营、责任治理、经济、社区发展	齐丽云等（2017）
九维度	经济、法律、环境资源保护、客户导向、以人为本、公益事业、就业保障、商业道德、社会稳定和进步	徐尚昆（2007）

---

① 刘凤军，孔伟，李辉. 企业社会责任对消费者抵制内化机制研究——基于 AEB 理论与折扣原理的实证 [J]. 南开管理评论，2015，18（01）：52-63.

② 金立印. 企业社会责任运动测评指标体系实证研究——消费者视角 [J]. 中国工业经济，2006（6）：114-120.

③ 康萍. 平台企业社会责任视角下消费者非伦理行为的治理研究 [D]. 武汉：武汉理工大学，2020.

④ 齐丽云，李腾飞，尚可. 企业社会责任的维度厘定与量表开发——基于中国企业的实证研究 [J]. 管理评论，2017，29（05）：143-152.

2.3 消费者伦理行为相关研究

2.3.1 消费者伦理行为的概念界定

消费者伦理（因翻译原因有时被称为"消费者道德"）这一主题直到1970年左右才受到学术界的重视，目前学界对消费者伦理和非伦理行为的探讨较少。本书对现有研究进行整理后发现，Muncy 和 Vitell 对消费者伦理的界定被广泛认可，他们认为消费者伦理是指消费者在购物过程中，其行为需要严格遵守的社会伦理准则[1]。随着研究的深入，基于 Muncy 和 Vitell 对消费者伦理行为的界定，许多学者也对消费者伦理行为做出界定。曾伏娥和甘碧群认为消费者伦理行为是指消费者在整个购物过程中，其行为反映出的其对提供产品或服务的企业所表现出的可以被社会道德所接受的标准或原则[2]。Hoffmann 和 Hutter 认为消费者伦理行为是指消费者在购买、使用产品时，会思考他们的行为是否对自然与社会环境产生影响，并尽可能促使自身行为对社会产生的危害最小化，给社会创造的利益最大化[3]。消费者伦理行为既包括对具有伦理价值的消费者行为表示赞同和支持，又包括对没有伦理意义的消费者行为表示抵制和拒绝[4]。

本书参考以上学者对于消费者伦理行为的界定，认为消费者伦理行为是指消费者在购物过程中发起的符合伦理规范或公平正义的行为，该行为不仅帮助企业获取利益和维护市场秩序，还对网络和平台经济的健康可持续发展具有促进作用。

---

[1] Muncy J A, Vitell S J. Consumer ethics: An investigation of the ethical beliefs of the final consumer [J]. Journal of Business Research, 1992,24(4):297-311.

[2] 曾伏娥,甘碧群. 消费者伦理信念及关系质量对消费者非伦理行为的影响[J]. 经济管理,2007(18): 33-39.

[3] Hoffmann S, Hutter K. Carrotmob as a new form of ethical consumption:The nature of the concept and avenues for future research [J]. Journal of Consumer Policy,2012, 35(2):215-236.

[4] 吴波,李东进. 伦理消费研究述评与展望[J]. 外国经济与管理，2014，36（3）：20-28.

2.3.2 消费者伦理行为的影响因素

消费者伦理行为不仅会受到消费者自身因素影响，还会受其所处的社会环境的影响。本书将消费者伦理行为的影响因素大概分为两类——个人因素与社会因素。

1. 个人因素分为外显因素与内隐因素

（1）外显因素

通过对相关文献进行整理发现，对消费者伦理产生影响的常见外显因素主要有年龄、性别、受教育程度、婚姻状况以及家庭收入水平等。年龄是影响消费者伦理行为的重要变量之一，Erffmeyer等对日本消费者道德规范进行实证研究，发现年轻人更有可能利用他们将在交易中获益的情况[1]。学者对性别是否有影响展开研究，结果表明相比于男性，道德伦理问题更容易引起女性的注意。例如Vitell等对美国消费者进行研究，发现一个人的性别是影响其伦理信念的关键因素，但也有学者持不同的观点，认为性别与道德行为之间的关系并不显著[2]。学者对消费者的学历是否影响其伦理信念展开研究，Swaidan等提出消费者的受教育程度正向显著影响消费者伦理，消费者接受更高水平的教育，会感觉自身受到更强的社会道德约束与监督，因而会自发减少与其形象不符的非伦理行为[3]。关于婚姻状况是否影响消费者伦理行为，学者们尚未得出统一结论。Erffmeye等对单身人士与已婚人士进行比较，发现未婚人士更容易在遇到可疑情况采取行动以获取利益，而已婚人士更容易产生相对或权术主义倾向[1]。

（2）内隐因素

内隐因素中的性格、伦理意识、价值观、伦理信念、集体主义、经验等对消费者的伦理行为产生显著的影响。消费者进行伦理判断与决策时，会受到其性格的影响，喜欢冒险、乐于创新、敢于挑战的消费者具有较低的伦理水

---

[1] Erffmeyer R C, Keillor B D, LeClair D T. An empirical investigation of Japanese consumer ethics[J]. Journal of Business Ethics,1999, 18(1):35-50.

[2] Vitell S J, Lumpkin J R, Rawwas M Y A. Consumer ethics:An investigation of the ethical beliefs of elderly consumers[J]. Journal of Business Ethics,1991,10(5):365-375.

[3] Swaidan Z, Vitell S J, Rawwas M Y A.Consumer ethics:Determinants of ethical beliefs of African Americans[J]. Journal of Business Ethics,2003,46(2):175-188.

平，而习惯按部就班的消费者具有较高的伦理水平[1]。学者就不同类型的伦理意识如何影响消费者伦理进行研究，理性主义与相对主义伦理意识对消费伦理的影响不同，且影响方向相反，消费者伦理随着理性主义伦理意识的提升而提升，随着相对主义伦理意识的提升而下降[1]。康萍的研究验证了这一点，她认为消费者的相对主义伦理意识正向调节消费者购后的感知风险与其非伦理行为之间的关系[2]。价值观不同，则消费者的伦理意愿不同，以"义"为导向的价值观正向影响消费者的伦理意愿，而以"利"为导向的价值观则对消费者伦理意愿具有显著的负向影响[3]。伦理信念也是影响消费者伦理的重要变量，伦理信念既可以直接对消费者非伦理行为产生负向影响，也可以通过负向影响消费者非伦理意愿（非伦理意愿与行为之间又存在正相关）实现伦理信念对消费者非伦理行为的间接影响[4][5]。关于集体主义与消费者伦理行为之间的关系，传统的研究都认为集体主义与消费者非伦理行为之间存在负相关的关系，例如Osyerman等认为集体主义负向影响消费者的问题消费行为，会促进消费者实施伦理消费行为[6]。然而，随着研究的进展，一些学者认为集体主义正向影响着消费者非伦理行为，例如Huang和Lu以中国消费者作为研究对象，试图探讨集体主义精神与消费者非伦理行为之间的关系，发现两者之间存在显著的正相关关系[7]。此外，有学者发现消费者的经验也会影响其伦理行为[8]。

---

[1] Rallapalli K C, Vitell S J, Barnes W J H. Consumer ethical beliefs and personality traits: An exploratory analysis [J]. Journal of Business Ethics,1994, 13(7):487-495.

[2] 康萍. 平台企业社会责任视角下消费者非伦理行为的治理研究 [D]. 武汉：武汉理工大学，2020.

[3] 秦层层. 义利观对非伦理消费行为决策的影响研究 [D]. 武汉：中南民族大学，2019.

[4] 曾伏娥，甘碧群. 消费者伦理信念及关系质量对消费者非伦理行为的影响 [J]. 经济管理，2007（18）：33-39.

[5] 吴陈. 网络匿名性对消费者非伦理行为形成的影响机制研究 [D]. 武汉：武汉理工大学，2019.

[6] Oyserman D, Coon H M, Kemmelmeier M. Rethinking individualism and collectivism: Evaluation of theoretical assumptions and meta-analyses. [J]. Psychological Bulletin,2002, 128(1):3-72.

[7] Huang C C, Lu L C. Examining the roles of collectivism, attitude toward business, and religious beliefs on consumer ethics in China[J]. Journal of Business Ethics,2016, 146(4):1-10.

[8] 赵宝春. 非伦理消费情景下感知风险对行为意愿的影响：直接经验的调节作用 [J]. 管理评论，2016，28（02）：116-126.

2. 社会因素分为宏观因素与微观因素

（1）宏观因素

诸多学者对宏观环境展开了一系列的研究，发现社会秩序、社会文化、社会奖惩等对消费者伦理具有一定的影响。Rawwas为研究社会秩序对消费者伦理的影响，将爱尔兰与中国两个国家的消费者作为研究对象，比较两国消费者的差异，结果显示处于稳定社会秩序中的中国消费者更具有消费伦理倾向。文化是影响消费者伦理的重要因素，Haidt等认为因为消费者处于不同的文化环境中，所以伦理判断依据不一样，最终使得其道德程度具有差异[1]。Rawwas发现消费者进行伦理决策时受到其所处的文化环境的影响[2]；Sarwono和Armstrong对在印度尼西亚的三个来自不同国家的消费者进行比较，研究结果表明亚文化对消费和伦理判断具有显著性影响，这也验证了Rawwas的观点[3]。

（2）微观因素

微观分析发现，消费情境、外部压力、背景与支持等因素对于消费者伦理行为的影响也是不容忽视的。学者就消费情境如何影响消费者伦理行为展开了一系列研究，Bossuyt等指出，购物的环境越整洁，消费者实施非伦理行为的意愿就越低，这对购物环境的管理提供了指导意见[4]。此外，消费者在有规律的购物情境下，发生非伦理行为的概率较低；在没有规律的购物情境下，发生非伦理行为的概率较高[5]。关于压力对消费者伦理行为影响的结论不一。传统的理论研究认为同伴压力会正向影响消费者非伦理行为，例如Albers和Nancy

---

[1] Haidt J, Koller S H, Dias M G. Affect, culture, and morality, or is it wrong to eat your dog? [J]. Journal of Personality and Social Psychology,1993, 65(4):613-628.

[2] Rawwas M Y A. Culture personality and morality:A typology of international consumers' ethical beliefs[J].International Marketing Review,2001,18(2):188-205.

[3] Sarwono S S, Armstrong R W. Micro cultural differences and perceived ethical problems: An international business perspective[J]. Journal of Business Ethics,2001,30(1): 41-56.

[4] Bossuyt S, Kenhove P V, Bock T D. A dirty store is a cost forever: The harmful influence of disorderly retail settings on unethical consumer behavior [J]. International Journal of Research in Marketing,2016, 33(1):225-231.

[5] Bossuyt S, Vermeir I, Slabbinck H, et al. The compelling urge to misbehave: Do impulse purchases instigate unethical consumer behavior? [J]. Journal of Economic Psychology,2017, 58:60-76.

认为随着消费者所受到的同伴压力增大,其实施非伦理行为的概率也会提高,实施伦理行为的可能性会降低[1];然而,随着研究的深入,学者认为压力与消费者非伦理行为之间是负相关关系,如杜雪婷通过研究发现同侪压力、参照群体会影响消费者伦理行为,会迫使消费者纠正内心的不道德倾向,追求更高的道德观念和道德行为[2]。消费者的背景与受支持程度也会影响其伦理意愿。潘剑波通过研究发现,具有较强关系背景的消费者实施非伦理行为的倾向更高,采取伦理行为的可能性更小,但是如果加大对非伦理行为的惩罚程度,其实施非伦理行为的意愿会降低[3];Gentina 等提出当消费者意识到周围的人会支持或肯定其行为,并且对其行为采取积极的态度时,其会产生非常强烈的伦理意图,这正向影响消费者伦理信念[4]。

2.3.3 消费者伦理行为的维度

学者们就消费者伦理行为的划分展开了一系列研究。Sudbury 和 Kohlbacher 将消费者伦理行为划分为生态购买、生态抵制、回收、CSR 抵制和支付更多五个维度[5]。Vitell 和 Muncy 在 1992 年开发的消费者伦理行为量表包括四个维度:消费者认为"错误"的行为、积极地"从非法活动中获益"、以卖家为代价的"被动受益"和"无伤害活动"的行为[6]。随着研究的深入,Vitell 和 Muncy 对消费者伦理行为四维量表进行了调整,不仅修改了部分题项,还新设了三个维度,由此形成一个包含七个维度的消费者伦理行为测量量

---

[1] Albers Miller, Nancy D. Consumer misbehavior: Why people buy illicit goods [J]. Journal of Consumer Marketing,1999, 16(3):273-287.

[2] 杜雪婷. 关于消费者不道德行为的影响因素文献综述 [J]. 广西质量监督导报,2018(09):86.

[3] 潘剑波. 关系强弱、结果奖惩和声誉对伦理决策影响的实验研究 [D]. 杭州:浙江大学,2013.

[4] Gentina E, Shrum L J, Lowrey T M, et al. An integrative model of the influence of parental and peer support on consumer ethical beliefs: The mediating role of self-esteem, power, and materialism[J]. HEC Research Papers Series,2018.

[5] Sudbury L, Kohlbacher F. Ethically minded consumer behavior: Scale review, development, and validation[J]. Journal of Business Research,2016, 69(8):2697-2710.

[6] Vitell S J, Muncy J. Consumer ethics: An empirical investigation of factors influencing ethical judgments of the final consumer[J]. Journal of Business Ethics, 1992, 11(8):585-597.

表[①]。紧接着 Vitell 等为了检验该量表的可行性进行实证研究，结果新增的三个维度中只有"做好事"这一维度被添加进来，即反映为与善行和回收利用相关的积极行动[②]。但总的来说，Vitell 和 Muncy 的量表并没有经过大量实证研究的检验，并且通过对学者所使用的消费者伦理量表进行归纳发现，目前被广泛接受的仍旧是 Vitell 和 Muncy 于 1992 年开发的四维 CES 量表，这个量表在多项研究中显示出可接受的水平[③]。例如 Chan 等在研究中国香港的消费者伦理信念时所使用的量表就是这个四维量表[④]，康萍研究 PCSR 对消费者非伦理行为的影响时所采用的也是消费者伦理行为四维量表[⑤]。

2.4 平台型企业社会责任对消费者行为的影响研究

PCSR 对消费者行为的影响研究相对较少，但现存文献中，有关 CSR 对消费者行为影响的研究较为全面。本书对相关的文献进行整理，以认识 PCSR 与消费者行为之间的关系。平台型企业履责情况不仅会影响企业形象、地位、盈利情况等，还会对社会、环境、消费者等利益相关者造成影响。许多学者通过研究发现 CSR 会影响消费者的意愿、行为等。

学者们就 CSR 如何影响购买意愿展开诸多研究，发现两者之间既存在直接作用又存在间接作用。CSR 会间接影响消费者购买意愿，如 CSR 可通过消费者在价格方面的敏感性实现对消费者购买意愿的间接影响。Mohr 等认为

[①] Vitell S J, Muncy J. The Muncy-Vitell consumer ethics scale: A modification and application[J]. Journal of Business Ethics,2005,62(3):267-275.

[②] Vitell S J, Singh J J, Paolillo J G P. Consumers' ethical beliefs: The roles of money, religiosity and attitude toward business [J]. Journal of Business Ethics,2007, 73(4):369-379.

[③] Rallapalli K C, Vitell S J, Barnes W J H. Consumer ethical beliefs and personality traits: An exploratory analysis [J]. Journal of Business Ethics,1994, 13(7):487-495.

[④] Chan A, Wong S, Leung P. Ethical beliefs of Chinese consumers in Hong Kong[J]. Journal of Business Ethics,1998, 17(11): 1163-1170.

[⑤] 康萍. 平台企业社会责任视角下消费者非伦理行为的治理研究 [D]. 武汉：武汉理工大学，2020.

CSR 是影响消费者做出购买决策的重要变量[1]。随着研究的深入，学者发现 CSR 也会直接影响消费者意愿，例如 Folkes 和 Kamins 在文章中指出 CSR 不仅与企业自身形象之间是正相关关系，消费者的购买意愿也会随着 CSR 水平的升高而加强[2]；白晓鑫通过研究发现，无论处于怎样的情境，企业激励消费者购买意愿的最佳履责途径是制定且执行高水平的 CSR 主题策略，CSR 直接影响消费者的决策[3]。

CSR 除了会影响消费者购买意愿外，还会对消费者行为产生影响。消费者高度关注企业履责情况，企业行为是否道德、履责态度是否积极都会对消费者决策造成重大影响，既包括直接影响，又包括间接影响[4]。例如 Mercadé-Melé 等使用结构方程就西班牙农业食品消费进行实证分析，研究表明 CSR 会影响消费者对食品安全、健康和质量的感知，而这种感知质量最终影响消费者的行为[5]；Sen 和 Bhattacharya 指出，企业积极履行社会责任不仅会收获消费者对企业较高的认同感，还会正向激励消费者实施伦理行为，进一步提升消费者对企业的忠诚度[6]；康萍在 PCSR 视角下研究消费者非伦理行为的治理，发现消费者实施非伦理行为的概率会随着 PCSR 水平的提高而降低，PCSR 还可以通过影响消费者企业认同与感知风险来实现对消费者非伦理行为的间接影响[7]。

---

[1] Mohr L A, Webb D J. The effects of corporate social responsibility and price on consumer responses[J]. Journal of Consumer Affairs, 2005, 39(1):121-147.

[2] Folkes V S, Kamins M A. Effects of information about firms' ethical and unethical actions on consumers' attitudes [J]. Journal of Consumer Psychology, 1999, 8(3):243-259.

[3] 白晓鑫. 企业社会责任主题策略对消费者购买意愿的影响研究 [D]. 上海：东华大学，2021.

[4] Carrigan M, Attalla A. The myth of the ethical consumer do ethics matter in purchase behaviour ?[J]. Journal of Consumer Marketing, 2001, 18(7):560-578.

[5] Mercadé-Melé P, Fandos Herrera C, VelascoGómez S. How corporate social responsibility influences consumer behavior: An empirical analysis in the Spanish agrifood sector[J]. Agribusiness, 2021, 37(3).

[6] Sen S, Bhattacharya C B. Does doing good always lead to doing better? Consumer reactions to corporate social responsibility[J]. Journal of Marketing Research, 2001, 38(2):225-243.

[7] 康萍. 平台企业社会责任视角下消费者非伦理行为的治理研究 [D]. 武汉：武汉理工大学，2020.

2.5 文献评述

通过梳理和归纳有关从 CSR 到 PCSR 的演化、PCSR、消费者伦理行为、PCSR 对消费者行为的影响等的研究成果，可以总结以下几点内容：

1. 应进一步增强对平台型企业社会责任概念的研究

平台型企业连接需求侧和供给侧双边用户，在市场中发挥着不可替代的作用。它具有关系多层次、影响跨边性、边界动态性等特性，这些特性使其比传统企业更加复杂与特殊，导致学者在界定 PCSR 时会产生一些争议，所以，目前学界对于 PCSR 尚未做出权威界定。PCSR 的概念界定是明确 PCSR 内容边界的基础，确定 PCSR 的内容边界十分重要，它不仅是平台型企业履责的基础，也是对平台型企业履责行为进行评价的基础与前提。因此，学者们在后续研究中应完善 PCSR 的概念，明确内容边界。

2. 平台型企业社会责任实证研究需要进一步增强

就目前梳理的文献来看，学界关于 PCSR 的研究主要集中于理论研究，学者们一般采取文献梳理、逻辑推导等方法研究 PCSR 的边界与治理等问题，较少有研究从实证的角度研究 PCSR 与消费者行为之间的关系。实证研究可使理论知识得到论证，可检验学者提出治理 PCSR 异化问题的方法是否有效，可探明 PCSR 治理与企业绩效之间的关系等。

3. 平台型企业社会责任测量量表与现有研究不匹配

学者们对 PCSR 的维度划分大多基于已有文献的 CSR 划分，与传统企业相比，平台型企业更加复杂且特殊。但当前 CSR 测量并没有考虑到平台型企业的特点，因此，现有的 CSR 测量维度与测量量表存在与 PCSR 不匹配的情况。后续研究应当从平台型企业自身特性出发，深入探讨和完善 PCSR 的测量维度和量表。

4. 平台型企业社会责任视角下消费者伦理行为的相关研究有待拓展

在平台经济背景下，企业履责情况逐渐受到消费者关注，消费者会根据企业履责情况做出一系列的反应。大多数文献是从企业角度研究社会责任与消费者的关系，关注企业的经济效益问题，较少从消费者的角度出发。因而，本书基于消费者视角，研究 PCSR 对消费者伦理行为的影响，拓展了 PCSR 与消费者伦理行为的关系研究，激励平台型企业积极履行责任，帮助企业管理客户关系。

2.6 本章小结

本章首先对从 CSR 到 PCSR 的演化过程进行阐述，介绍该演化过程经历的四个阶段；其次，对平台型企业与 PCSR 进行概念界定，并在概述 PCSR 治理相关研究的同时梳理了 PCSR 构成的相关研究；再次，讨论了消费者伦理行为的概念、影响因素以及构成；接下来，介绍 PCSR 对消费者伦理的影响研究；最后，本章对有关从 CSR 到 PCSR 的演化、PCSR、消费者伦理行为、PCSR 对消费者行为的影响等的研究成果进行了简要评述。本章分析相关文献的过程为本书研究假设提出和模型构建奠定了理论基础。

第 3 章 理论基础、研究假设与模型构建

3.1 理论基础

3.1.1 SOR 理论模型

SOR 理论模型源于经典的刺激反应模型。随着研究的深入，Mehrabian 和 Russell 对刺激反应模型进行了改进，在刺激与反应之间增加了机体的概念，认为该理论模型由环境刺激、机体状态和机体反应三个部分组成[①]。SOR 理论模型能够解释清楚外部环境刺激如何影响人类行为：环境刺激用字母 S 表示，这种刺激既可以来自外界环境，如文化背景、经济发展、政治环境等不可控因素，也可以来自企业内部营销方法，如买赠策略与折扣策略[②]；机体会受到环境刺激的影响，中介变量机体状态用字母 O 表示，它是指个人受到外界环境刺激之后内心产生的活动，如消费者对企业的认同与感知质量等；个体反应用字母 R 表示，是指个体经历外界环境刺激，经过内心情绪活动后所做出的行为决策。具体的 SOR 模型如图 3.1 所示。

---

① Mehrabian A, Russell J A. An approach to environmental psychology[M]. MIT,1974.
② 周逸斐. 基于 SOR 理论的电商网红对高校女生购买意愿的影响研究 [D]. 呼和浩特：内蒙古大学，2020.

第 3 章 理论基础、研究假设与模型构建

图 3.1 SOR 模型

随着平台型企业的兴起，学者们纷纷将 SOR 理论模型引入平台型企业背景，并运用其来解释消费者在平台型企业背景下的行为。其中环境刺激有平台网站背景、PCSR、平台服务，机体状态有情绪、感知质量与感知风险等，个体反应包括消费者意愿与行为[1][2][3]。魏华和万辉基于 SOR 模型，用 S 表示网络零售 CSR，用 O 表示感知质量与感知风险，用 R 表示消费者行为，构建理论模型研究网络零售 CSR 与消费者行为之间的关系，发现消费者接收网络零售 CSR 的外在环境刺激后，会通过自我感知改变其对企业产品与服务的态度，态度进而又影响其购买意愿。洪施怡以阿里巴巴作为研究对象，并基于 SOR 模型构建电子商务 CSR 为 S、感知质量与风险为 O、消费者购买意愿为 R 的理论框架，从而厘清电子商务 CSR 与消费者购买意愿之间的关系，研究结果表明两者之间存在显著的正相关关系，且感知质量正向影响 CSR 与消费者购买意愿之间的关系。黄慧丹基于 SOR 理论，研究 PCSR 与顾客忠诚度之间的关系，将 PCSR 作为外部环境刺激，将消费者对企业的心理认知和在情感方面的反应作为机体状态，将顾客忠诚度作为个体反应，其研究结果表明 PCSR 感知正向影响顾客契合度，顾客契合度又对顾客忠诚度有显著的正向影响，因而顾客契合度在 PCSR 与顾客忠诚度之间发挥着中介作用[4]。

由此可知，运用 SOR 理论模型分析平台背景下的消费者行为是成熟的研究领域，消费者行为是行为科学研究中的常见研究方向。因此，本书基于

---

[1] 许慧珍. 视觉呈现与移动端用户满意度——基于 SOR 模型的实证研究 [J]. 中国流通经济，2017，31（08）：97-104.
[2] 洪施怡. 基于 SOR 模型讨论电子商务企业社会责任对消费者购买意愿的影响——以阿里巴巴为例 [J]. 现代商业，2021（26）：3-9.
[3] 魏华，万辉. 网络零售企业社会责任对消费者购买意愿的影响——基于 SOR 模型的实证 [J]. 哈尔滨商业大学学报（社会科学版），2020（03）：64-73.
[4] 黄慧丹. 平台型企业社会责任感知与顾客忠诚度关系研究 [D]. 浙江：浙江工商大学，2021.

SOR 理论模型，研究 PCSR 对消费者伦理行为的影响机制，将 PCSR 作为外部刺激，将消费者企业认同与感知质量作为机体状态，将消费者伦理行为作为个体反应，解释当消费者受到 PCSR 的外在环境刺激后，对该企业产品和服务的认知与情感状态会发生相应的变化，最终表现在消费者伦理行为上。

3.1.2 组织认同理论

消费者企业认同的概念是在组织认同理论的基础上发展起来的，组织认同理论认为，当个体与组织中其他成员目标与利益一致时，会对组织产生依附心理，组织认同不仅可以加强组织内各成员之间的联系，还可以提升成员对组织的忠诚度，还会影响成员个体的行为决策和偏好选择，促使个体行动与组织内部群体行动保持一致，使个体真正认可组织并积极融入组织[1]。传统的研究认为学界对组织认同领域的研究主要聚焦于正式情境中的员工所产生的企业认同，但是随着研究的深入，研究社会认同理论的学者认为，人们即便不处于这种正式情境的关系中，仍然会认为自己是某团体的一分子。因此，在后续的研究中 Scott 和 Lane 对组织认同的概念范畴进行拓展，认为其没有局限于企业员工与企业之间，而是扩展到以企业为中心的利益相关者网络中，包括企业、员工、消费者与政府等利益主体，并且他们认为消费者之所以选中某企业，是因为该企业可以有针对性地满足他们在特定方面的需求，同时在身份特征上也与其产生重合与情感共鸣[2]。消费者选择是否与企业建立联系时，可考虑该企业能否体现和强化其身份，从这个角度看，认同是指消费者认为其与所选择企业在某些重要特质上的一致程度[3]。Bhattacharya 和 Sen 对消费者企业认同产生的必要条件展开研究，认为条件一是这种行动是消费者在自我需求驱动下所采取的；条件二是该行动是消费者主动且具有选择性的自愿行动，该行动是消费

---

[1] 孙绪芹.零售企业社会责任、企业声誉与消费者企业认同相关性分析[J].商业经济研究，2021（05）：108-111.

[2] 陈超华.企业社会责任对消费者购买意愿的影响研究[D].长春：吉林大学，2017.

[3] Dutton J E, Dukerich J M, Harquail C V. Organizational images and member identification[J]. Administrative Science Quarterly,1994: 239-263.

者对企业认同的表现[1]。基于此，Bhattacharya 和 Sen 对消费者企业认同的概念进行界定，认为消费者企业认同是消费者自身认知与他感知到的企业特征相契合的程度[2]。

消费者企业认同的概念被正式提出之后，我国学者展开了一系列研究。金立印提出消费者产生企业认同的原因在于其满足更好定义自我的需要，当消费者发现某些企业具有其他企业所不具备的特质时，就容易被该企业吸引，并产生认同感，消费者的认同程度取决于企业采取相关行为动机的好坏[3]。陈超华提出，当企业满足了消费者自我定义、分类和提升三个方面的需求，即企业特质具有意义，或这一特质与消费者特征在某种程度上相似，或消费者不具备这种特质而渴望拥有时，消费者会对企业产生认同，这种认同是将消费者与企业紧密联系在一起的情感认知表现。

3.1.3 感知质量理论

Garvin 从营销、人文、经营管理与经济四个方面对质量进行定义。从营销角度进行界定，他认为质量是指产品满足特定消费者需要的能力[4]。有学者尝试对消费者感知质量进行定义，认为其是指消费者对产品质量优越性的主观评价[5]。因此，本书认为感知质量指的是消费者对某种产品或者服务的一种主观性评价。在评价过程中，消费者会将预期感受的质量和实际感受的质量进行比较，最后产生购物过程中的实际体验感受和主观评价[6]。此外，产品包装、品牌、

---

[1] Bhattacharya C B, Sen S. Consumer company identification: A framework for understanding consume. [J] Journal of Marketing,2003:76-88.

[2] 吴定玉，辛雅洁. 企业消费者社会责任对消费者购买意愿的影响研究——基于理性行为理论视角[J]. 消费经济，2018，34（03）：54-61.

[3] 金立印. 消费者企业认同感对产品评价及行为意向的影响[J]. 南开管理评论，2006（03）：16-21.

[4] Garvin D A.Product quality:An important strategic weapon[J]. Business Horizons, 1984,27(03):0-43

[5] Parasuraman A,Zeithaml V A,Berry L L.Servqual:a multiple-item scale for measuring consumer perceptions of service quality[J].Journal of Retailing,1988.

[6] 杨颖. 生鲜农产品网购意愿影响因素的实证研究 [D]. 蚌埠：安徽财经大学，2015.

企业、质量、性能等方面的因素会影响消费者的感知质量[1]。部分学者指出消费者对产品的评价是由两个方面构成的，即产品质量和服务质量[2]。

平台型企业作为连接供给侧与需求侧的平台，为消费者提供商业性服务，因此可以使用感知质量理论对消费者行为进行定量研究[3]。部分学者通过实证分析得出，社会责任水平较高的企业，消费者在该企业购物后的感知质量也更高。与此同时，学者通过研究发现高水平的感知质量会为企业带来长期的绩效与较高的客户忠诚度，不仅使得消费者愿意溢价支付，还会在很大程度上影响消费者偏好和决策过程，消费者的感知质量差异也导致了购买行为的差异[4]。因此，在平台情境下，引入感知质量作为 PCSR 与消费者伦理行为之间的中介变量。

3.2 研究假设

本书提出以下 8 个假设，试图探讨 PCSR、消费者企业认同、亲社会动机、感知质量、消费者伦理行为五个变量之间的关系。

1. 平台型企业社会责任与消费者伦理行为

当消费者具有积极的道德情感时，会主动寻求有关企业积极正向的信息，即企业承担社会责任的情况，消费者会根据企业履责情况对企业进行评价，好的评价会转化为积极的购买意愿[5]；且消费者为了给社会呈现自己伦理消费者

---

[1] 潘圆圆，曲洪建. 跨境电商网站质量与服装消费者购买意愿关系的研究 [J]. 东华大学学报（自然科学版），2019，45（01）：128-134.

[2] Parasuraman A, Zeithaml V A, Berry L L. Servqual: A multiple-item scale for measuring consumer perceptions of service quality[J]. Journal of Retailing, 1988.

[3] 潘圆圆，曲洪建. 跨境电商网站质量与服装消费者购买意愿关系的研究 [J]. 东华大学学报（自然科学版），2019，45（01）：128-134.

[4] 洪施怡. 基于 SOR 模型讨论电子商务企业社会责任对消费者购买意愿的影响——以阿里巴巴为例 [J]. 现代商业，2021（26）：3-9.

[5] 宋东辉. 企业内部责任感知对消费者购买意愿的影响研究 [D]. 广州：广东财经大学，2018.

的正向形象，也会选择积极响应 CSR 行为[1]。这是因为消费者对 CSR 的认同度越高，思维意识也越容易受到这方面的影响，并反映在消费者行为上，即 CSR 认知度越高，行为越具有伦理性[2]。消费者 CSR 认同感的高低会随着企业履行社会责任的状况而改变，消费者成为 CSR 运动中的核心人员。康萍的研究也论证了这一点，她的研究表明 PCSR 对消费者非伦理行为具有显著的负向影响[3]。因而，本书提出以下假设：

H1：平台型企业社会责任正向影响消费者伦理行为。

2. 平台型企业社会责任正向影响消费者企业认同

消费者与企业在目标、价值观、满足个人需要、共享的个人特征四个方面通过消费者企业认同融合到一起，进而使得消费者与企业产生紧密的联系。在共同价值观的指导下，消费者将自我与企业进行比较，从而建立一种认知，这个过程是积极选择的过程。消费者对企业认同程度的高低由企业对消费者吸引力的大小所决定，随着企业的吸引力增强，消费者企业认同的程度提高[4]。作为企业组织特征的 CSR 是吸引消费者的重要因素，会促使消费者产生对 CSR 的内在响应，进一步加深消费者对企业的理解与认识，最终在情感上对企业产生认同，即消费者企业认同[5]。此外，CSR 在表达公司特征方面具有优先性，积极履行社会责任的企业能够更清晰地向公众传达企业信息，也更能够吸引消费者的注意，使他们更倾向于增强对企业的认同感。

学者对 CSR 与消费者企业认同之间的关系进行研究，发现两者之间存在正相关关系。曹光明等对人类会发生消费行为的原因进行探究，发现 CSR 联想与消费者企业认同之间正相关，当企业履行责任时，消费者会对企业产生这

---

[1] 邓新明，龙贤义. 企业社会责任公司评价与消费者响应 [J]. 中南财经政法大学学报，2017（05）：126-136.

[2] 褚维. 商业伦理教育对商学院 MBA 学生伦理行为倾向的影响机制研究 [D]. 兰州：兰州大学，2015.

[3] 康萍. 平台企业社会责任视角下消费者非伦理行为的治理研究 [D]. 武汉：武汉理工大学，2020.

[4] Bhattacharya C B, Sen S. Consumer company identification: A framework for understanding consume.[J] Journal of Marketing,2003:76-88.

[5] Sen S, Bhattacharya C B. Does doing good always lead to doing better? Consumer reactions to corporate social responsibility[J]. Journal of Marketing Research, 2001, 38(2):225-243.

样一种认知,即该企业除了关注自身利益,还关心社会与环境[①]。孙绪芹将零售企业作为研究对象,研究结果表明履责能够促进消费者企业认同的提升,并且社会责任履行情况与消费者企业认同情况存在正相关性[②]。谢骞认为平台型企业履行CSR可以获得消费者的共鸣,消费者对企业的共鸣可以增强其对企业的认同感,最终影响消费者对企业产品与服务的购买决策[③]。因此,CSR的参与提升了消费者认同感[④],提出如下研究假设:

H2:平台型企业社会责任会提升消费者企业认同。

3. 消费者企业认同与消费者伦理行为

消费者企业认同是个人与企业之间建立的心理联系,当消费者对企业产生认同感时,消费者在心理与行动上会自觉维护企业的良好形象,将企业与自身看成一体,此时,消费者的购买意愿会随着认同感的提升而增强,会促使消费者对企业形成情感依赖,并最终影响消费者伦理行为[⑤][⑥]。当企业积极承担CSR后,消费者对企业产生认同感,引发消费者对企业忠诚感的增强,最终正向影响消费者的伦理行为[⑦],负向影响其非伦理行为,随着消费者企业认同感的增强,实施非伦理行为的概率降低[⑧]。谢骞通过研究发现,PCSR通过消费者企业认同间接影响消费者购买意愿,购买意愿又正向影响消费者购买行

[①] 曹光明,江若尘,陈启杰. 企业联想、消费者企业认同与消费者公民行为[J]. 经济管理,2012,34(07):103-111.

[②] 孙绪芹. 零售企业社会责任、企业声誉与消费者企业认同相关性分析[J]. 商业经济研究,2021(05):108-111.

[③] 谢骞. 平台企业社会责任对消费者购买意愿的影响研究[D]. 杭州:杭州电子科技大学,2022.

[④] Hur W M, Moon T W, Kim H. When and how does customer engagement in CSR initiatives lead to greater CSR participation? The role of CSR credibility and customer-company identification[J]. Corporate Social Responsibility and Environmental Management, 2020(4):27.

[⑤] Bagozzi R P, Bergami M. Antecedents and consequences of organizational identification and the homological validity of the Bergami and Bagozzi scale[D]. Houston:Rice University, 2002.

[⑥] 董伊人,赵曙明. 企业社会责任不同领域对消费者反应的影响——基于私家车购买者的实证研究[J]. 学海,2010(05):148-153.

[⑦] Sen S, Bhattacharya C B. Does doing good always lead to doing better? Consumer reactions to corporate social responsibility[J]. Journal of Marketing Research, 2001, 38(2):225-243.

[⑧] 侯海青. 消费者伦理消费行为及推进策略探讨[J]. 中国管理信息化,2015,18(21):144-146.

为[①]。因此，本书提出以下研究假设：

H3：消费者企业认同正向影响其伦理行为发生的概率，随着消费者对企业认同感的增强，他们实施伦理行为的概率会提高。

H4：消费者企业认同在平台型企业社会责任和消费者伦理行为之间发挥中介作用。

4. 平台型企业社会责任与消费者购后的感知质量

数字经济时代，平台型企业成为主流范式，改变了消费者的购物习惯，提供更为便利的消费环境，数字网络的虚拟性和灵活性使得消费者对质量的感知尤其重要，但消费者无法亲身体验产品的属性。魏华和万辉认为消费者可通过外部线索对产品质量做出判断，PCSR可以作为一种外部线索，消费者依据这种外部线索感知企业的产品质量和服务质量[②]。从PCSR整体出发，企业履行社会责任给社会增添福利后，消费者会采取积极正向的支持态度，这种态度会让他们更支持该企业[③]，因而，积极向上的CSR行为正向影响消费者感知质量，并且会负向影响感知风险，较高的感知质量与较低的感知风险正向影响消费者购买意愿[④]。按维度看，PCSR的慈善公益、消费者权益、保护环境三个维度的社会责任正向影响消费的感知质量[⑤]，PCSR的经济、伦理、慈善与法律四个维度均正向影响消费者感知质量[⑥]。基于此，本书提出以下研究假设：

H5：平台型企业社会责任正向影响消费者感知质量。

---

① 谢骞. 平台企业社会责任对消费者购买意愿的影响研究 [D]. 杭州：杭州电子科技大学，2022.
② 魏华，万辉. 网络零售企业社会责任对消费者购买意愿的影响——基于SOR模型的实证 [J]. 哈尔滨商业大学学报（社会科学版），2020（03）：64-73.
③ Wongpitch S, Minakan N, Powpaka S, et al. Effect of corporate social responsibility motives on purchase intention model: An extension[J]. Kasetsart Journal Social Sciences, 2016, 37(1):30-37.
④ 张广玲，付祥伟，熊啸. 企业社会责任对消费者购买意愿的影响机制研究 [J]. 武汉大学学报（哲学社会科学版），2010（2）：244-248.
⑤ 高洋，李阁新，杨凌. CSR领域对顾客购买意愿影响的实证研究 [J]. 沈阳工业大学学报（社会科学版），2017，10(03):244-250.
⑥ 张太海，吴茂光. 企业社会责任对消费者购买意愿的影响 [J]. 商业研究，2012（12）:33-39.

5. 消费者购后的感知质量与消费者伦理行为

由于消费者与企业存在着信息不对称，消费者无法获得欲购买产品实际质量的相关信息，因而消费者将感知质量作为购买行为的主要依据。学界对感知质量的界定随着研究的深入不断更新。Garvin 将感知质量界定为顾客的观点评价质量，它被定义为对产品和服务好坏程度的评价[①]。Valarie 和 Zeithaml 认为感知质量是产品质量中的主观质量，主观质量强调从客户的角度评判产品或服务的好坏[②]。消费者通过对企业产品或服务属性进行全面的评价与判断，获得感知质量，该质量是具体的消费者针对特定产品或服务而形成的一种相对且抽象的概念[③]。

许多学者通过研究发现消费者的感知质量正向影响消费者购买决策。洪施怡通过实证研究发现，CSR 越强，消费者的感知质量水平就越高，高水平的感知质量会为企业带来长期的企业绩效与较高的客户忠诚度，不仅使得消费者愿意溢价支付，还会在很大程度上影响消费者偏好和决策过程。消费者的感知质量差异也导致了购买行为的差异[④]。韩婧姝通过对消费者重购行为进行实证分析证明了感知质量、消费者信任正向影响消费者行为，并且产品感知质量的提升会减少消费者的感知风险[⑤]。消费者购后的感知质量会受到所处的情境与社会环境的影响，消费者无法对不履行社会责任的企业产生情感依赖，消费者的隐性需求难以得到满足，感知质量降低，进而影响他们的伦理行为。基于此，本书提出以下研究假设：

H6：感知质量正向影响消费者伦理行为。

H7：感知质量在平台型企业社会责任与消费者伦理行为中间起中介作用。

[①] Garvin D A. What does "product quality" really mean?[J]. MIT Sloan Management Review,1984, 26(1):25-43.

[②] Valarie A, Zeithaml. Consumer perceptions of price, quality, and value: A means end model and synthesis of evidence[J]. Journal of Marketing,1988, 52(3):2-22.

[③] 田歆. 消费者使用网络信息源搜寻信息努力的影响因素研究 [D]. 杭州：浙江大学，2006.

[④] 洪施怡. 基于 SOR 模型讨论电子商务企业社会责任对消费者购买意愿的影响——以阿里巴巴为例[J]. 现代商业，2021（26）：3-9.

[⑤] 韩婧姝. 生鲜电商平台质量、感知质量对消费者重购行为的影响分析[J]. 商业经济研究，2021（24）：93-95.

6. 亲社会动机的调节

本书引入亲社会动机作为本书模型中的调节变量。Grant 认为亲社会动机是指一种会为自己周围的人考虑，并愿意为他们付出的意愿，这种动机可以让消费者意识到自己对周围人群、环境和道德等方面的责任，他们通过实施消费行为表达价值诉求，从而实现道德上的"自我认同"[1]。消费者的亲社会动机水平高，就更能识别出其他人的需求，从而向外界表达出更强的热情与情绪，主动与外界人群建立良好的关系，极易认可平台型企业具有的价值，从而对平台型企业产生更强的认同感[2][3]。具有较强亲社会动机的消费者，在消费过程中会更加关注和在意其他人利益，消费者的这种行为可以增强企业对消费者的积极影响，促使消费者更加主动地与企业进行交流互动，从交流中获得满足感，增强组织认同感；而亲社会动机较弱的消费者在消费中经常处于被动的处境，相较于维护情感和关系方面的价值，他们更加关注个体所能获得的利益和企业能给其带来的工具性价值，这种想法使得企业履责行为对消费者企业认同的作用较弱。亲社会动机是一种积极的消费行为，在亲社会动机的驱使下，消费者会做出亲社会性的消费行为，有意识或者无意识地反映出部分或全部利他性，类似于道德消费，即伦理消费[4][5]。因此本书提出以下研究假设：

H8：消费者亲社会动机在平台型企业社会责任与消费者企业认同的关系中起调节作用，与亲社会动机水平较低的消费者做比较，亲社会动机水平高的消费者所感知的 PCSR 更能影响其对企业的认同。

---

[1] Grant A M. Does intrinsic motivation fuel the prosocial fire? Motivational synergy in predicting persistence, performance, and productivity [J]. Journal of Applied Psychology, 2008, 93(1): 48.

[2] Grant A M, Mayer D M. Good soldiers and good actors: Prosocial and impression management motives as interactive predictors of affiliative citizenship behaviors [J]. Journal of Applied Psychology, 2009, 94(4): 900.

[3] 朱玥，王永跃. 服务型领导对员工工作结果的影响：亲社会动机的中介效应和互动公平的调节效应 [J]. 心理科学，2014，37（4）：968-972.

[4] 戚海峰，费鸿萍，郑玉香. 利己/利他公益广告诉求对亲社会性消费行为的影响研究 [J]. 财经论丛，2018，231（03）：88-98.

[5] 谢静，吴昊. 全球化背景下的道德消费 [J]. 国际经济合作，2009（8）：69-71.

3.3 模型构建

互联网背景下，平台型企业作为网络经济和平台经济的产物，与传统企业同样肩负着积极履行 CSR 的重任，不仅要顺应可持续发展的要求，还要在一定程度上满足消费者的隐性需求。本书在对 PCSR、消费者企业认同、感知质量、亲社会动机和消费者伦理行为等概念进行界定和文献回顾的基础上，发现 PCSR、消费者企业认同与感知质量均是影响消费者行为决策及伦理决策的关键因素。在参考学者们基于 SOR 理论模型搭建的研究模型后，本书认为当消费者接收 PCSR 的环境刺激，对 PCSR 具有一定的了解后，会自觉遵守目前社会主流规范与伦理道德规范，本书将消费者企业认同和自身购后感知质量这两个变量作为机体状态，这两个变量是从消费者心理感受的角度引入的中介变量，能够较为全面地反映消费者自身的心理环境，消费者基于心理判断做出个体反应即伦理行为决策。

本书将影响消费者伦理行为的内部因素与外部因素相结合，不仅考虑了 PCSR 这一客观因素，又通过消费者企业认同与感知质量考虑到消费者心理环境这一主观因素，最终构建以 PCSR 为自变量，以消费者企业认同、感知质量为中介变量，以亲社会动机为调节变量，以消费者伦理行为为因变量的理论模型（如图 3.2 所示）。具体来说，该模型探究 PCSR 如何影响消费者伦理行为；探讨 PCSR 如何通过影响消费者企业认同与感知质量因素来间接影响消费者伦理行为；探讨亲社会动机如何调节 PCSR 和消费者企业认同之间的关系；通过深入分析数据，在消费者企业认同的中介效应成立的情况下，探究调节变量亲社会动机对消费者企业认同的中介过程的影响。

图 3.2 理论模型

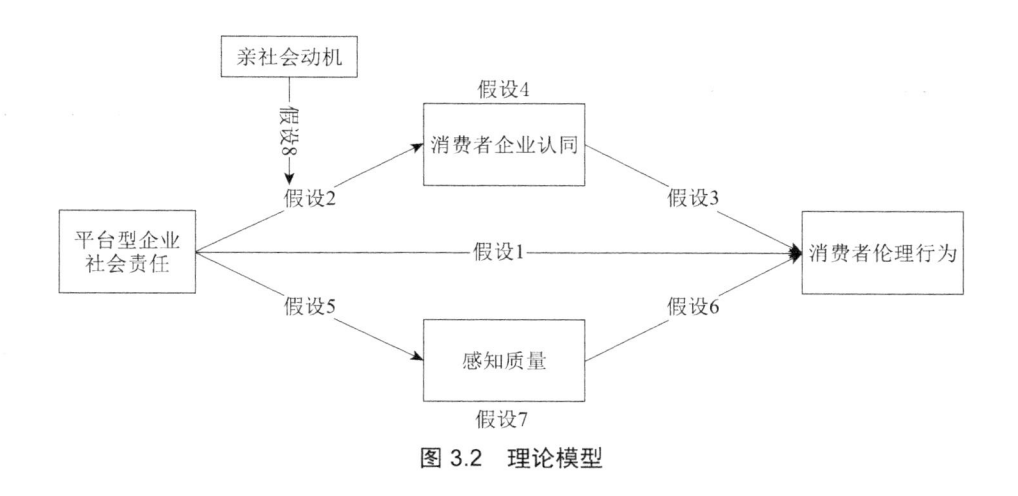

3.4 本章小结

本章首先对本书的理论基础进行阐述，分别介绍了 SOR 理论模型、组织认同理论与感知质量理论相关研究；接着，本章基于理论基础提出 8 个假设；最后，本章构建以 PCSR 为自变量，以消费者企业认同、感知质量为中介变量，以亲社会动机为调节变量，以消费者伦理行为为因变量的理论模型。

第 4 章　实证研究设计

4.1　问卷设计

1. 平台型企业社会责任

PCSR 是平台型企业遵守社会契约，积极履行社会责任而采取的实际行动。本书旨在通过分析 PCSR 对消费者伦理行为形成的影响机制，为企业提出实务建议以激励消费者实施伦理行为。因此本书从消费者角度出发，衡量消费者视角下的 PCSR。

康萍的 PCSR 测量量表从社会公益责任（responsibility for social welfare）、社会经济责任（responsibility for social and economic）、促进社会稳定与进步的责任（responsibility for promoting social stability and progress）、维护消费者正当权益的责任（responsibility to safeguard consumers' rights and interests）和保护自然环境与资源的责任（responsibility to protect the natural environment and resources）5 个维度对 PCSR 进行衡量，其研究表明该量表的信度与效度良好，因而本书选用康萍的测量量表，共 5 个维度、17 个题项，5 个维度分别简称为"RSW、RSE、RSS、RSC、RER"[1]，如表 4.1 所示，采用 Likert 5 级量表，得分越高表明消费者视角下的 PCSR 越高。

---

[1] 康萍. 平台企业社会责任视角下消费者非伦理行为的治理研究 [D]. 武汉：武汉理工大学，2020.

表 4.1　平台型企业社会责任测量量表

维度	编码	题项
社会公益责任	RSW1	该平台企业积极参与社会捐赠
	RSW2	该平台企业积极参与社会公共基础设施建设
	RSW3	该平台企业通过设立助学基金会、捐献爱心教室等来支援教育事业
	RSW4	该平台企业支援发展落后地区建设，以促进该地区发展
社会经济责任	RSE1	该平台企业有效率地提供质量合格的产品和服务
	RSE2	该平台企业有利于促进国家和地方经济高质量发展
	RSE3	该平台企业强调技术创新，坚持可持续发展
促进社会稳定与进步的责任	RSS1	该平台企业弘扬爱国主义精神，积极传播正能量
	RSS2	该平台企业大力支持文化科教事业，有利于国家科教兴国战略的实施
	RSS3	该平台企业积极开展校园和社会招聘，有利于缓解就业问题
维护消费者正当权益	RSC1	该平台企业不擅自泄露或非法使用顾客个人信息
	RSC2	该平台企业能迅速处理顾客抱怨、投诉
	RSC3	该平台企业能及时、快速处理退货事件
	RSC4	该平台企业向顾客传达真实的企业或产品信息
保护自然环境与资源	RER1	该平台企业避免对环境产生污染的生产和经营行为
	RER2	该平台企业致力于生产和经营环保型产品与服务
	RER3	该平台企业积极参与环境的保护与治理

2. 消费者企业认同

消费者企业认同（consumer enterprise identity）是将组织行为学中组织认同理论引入营销学领域的结果，这一变量衡量的是消费者由于企业某一具有吸引力的特征对企业产生的认同感，下文将其简称为"CEI"。测量工具选用 Bhattacharya 和 Sen 的量表[1]，以 5 个题项测量消费者对平台型企业的认同程度。研究结果表明，该量表的信度与效度良好，如表 4.2 所示，该量表采用 Likert 5 级计分法，得分越高表明消费者对企业的认同感越强。

---

[1] Bhattacharya C B, Sen S. Consumer company identification: A framework for understanding consume. [J] Journal of Marketing, 2003, 67(2):76-88.

表 4.2　消费者企业认同测量量表

变量	编码	题项
消费者企业认同	CEI1	该平台企业的成功令我十分高兴，就像是我自己的成功一样
	CEI2	我想知道其他顾客对该平台企业的看法和观点
	CEI3	如果该平台企业受到顾客的表扬，我会感到开心
	CEI4	如果有人当面批评该平台企业，我会感觉受到冒犯
	CEI5	如果媒体上出现与该平台企业相关的负面报道，我会感到不愉快

3. 感知质量

消费者购后的感知质量是对消费者在购物平台消费后且进行再次消费行为决策前感知到的不同维度质量的测量。对感知质量的测量选用李春玲的量表，该量表将消费者购后的感知质量划分为感知产品质量（perceived product quality）和感知物流质量（perceived logistics quality）两个方面[1]。研究结果表明，该量表的信度与效度良好且其研究背景与本书相契合，因而本书借鉴该量表。下文将感知产品质量和感知物流质量分别简称为"PPQ、PLQ"。以往学者均将感知质量作为一阶构面进行研究[2]，因而本书也将感知质量作为一阶构面展开研究，如表 4.3 所示。该量表采用 Likert 5 级计分法，得分越高表明消费者购后的感知质量就越高。

表 4.3　感知质量测量量表

变量	编码	题项
感知产品质量	PPQ1	该企业销售的产品质量符合质量标准
	PPQ2	该企业销售的产品性能很好
	PPQ3	该企业销售的产品值得信赖
	PPQ4	该企业销售的产品用起来很方便

---

[1] 李春玲. 在线消费者感知质量对重购意愿的影响 [D]. 哈尔滨：哈尔滨商业大学，2020.
[2] 高翔. 消费者感知质量对线上购买意愿的影响机理研究 [J]. 商业经济研究, 2019(06):73-76.

续表

变量	编码	题项
感知物流质量	PLQ1	该企业能够按承诺发送订单
	PLQ2	该企业的产品会在合理的期限内交付
	PLQ3	该企业能够很快发货
	PLQ4	该企业不会发错货
	PLQ5	该企业在配送产品上做出了准确的承诺

4. 消费者伦理行为

消费者伦理行为（ethics behavior of consumers）是对消费者产生不同类型伦理行为可能性的测量。本书选用康萍的测量量表对消费者伦理行为进行测量，该量表将消费者伦理行为分为四个维度：非法获益行为（act of illegal gain）、主动获益行为（active benefit behavior）、被动获益行为（passive benefit behavior）、节制伤害行为（no harm done）。我们将四个维度分别简称为"AI、AB、PB、NH"，共12个题项，研究结果表明，该量表的信度与效度良好，因而本书借鉴该量表，如表4.4所示。本书采用Likert 5级计分法设计了每个题项中的5个选项，该量表的题项为反向题项，因此在设计得分时，1表示完全可能，2表示可能，3表示一般，4表示不可能，5表示完全不可能，得分越高代表消费者实施伦理行为的倾向性就越强。

表4.4 消费者伦理行为测量量表

变量	编码	题项
非法获益行为	AI1	我会出于泄愤在网上滋事（如煽动情绪、进行网上攻击等）
	AI2	我会以恶评、发帖攻击等手段要求网上商家退货与赔偿
	AI3	我会收到货物却谎称没有收到而要求赔偿或补货
主动获益行为	AB1	我会把自身不当行为导致的商品问题推卸给卖家
	AB2	我会在网络调查中对购物平台进行恶意投票
	AB3	我会给予该购物平台上的商家恶意差评

续表

变量	编码	题项
被动获益行为	PB1	我发现店主或系统少算了应付金额时选择不告知店家
	PB2	我收到网店多发的商品时选择默默收下
	PB3	我收到价格更高的商品时选择不告知店家
无伤害行为	NH1	我会在没有购物意愿的情况下与客服交谈
	NH2	我会在提交订单后随意取消
	NH3	在该购物平台消费的过程中我会使用不文明用语

5. 亲社会动机（prosocial motivation，PM）

本书借鉴了齐海宁量表，该量表由 4 个题项组成。研究结果表明，该量表的信度与效度良好，因而本书借鉴该量表[1]，并采用 Likert 5 级计分法设计了每个题项中的 5 个选项，得分越高代表消费者的亲社会动机越强（如表 4.5 所示）。

表 4.5 亲社会动机测量量表

变量	编码	题项
亲社会动机	PM1	我希望自己的行动对他人有益
	PM2	我希望用行动帮助他人
	PM3	我想对他人有好的影响
	PM4	通过行动为他人做贡献对我来说很重要

6. 控制变量

以往的研究认为消费者的性别、年龄、受教育程度会对消费者企业认同、感知质量与消费者伦理行为造成影响[2]。因此，为了保证研究结果的准确性，本书引入以上三个人口统计学变量作为控制变量，以削弱这些变量对研究结果带来的干扰。

---

[1] 齐海宁. 亲社会动机视角下扶贫农产品品牌形象感知对消费者购买意愿的影响 [D]. 上海：东华大学，2021.

[2] 康萍. 平台企业社会责任视角下消费者非伦理行为的治理研究 [D]. 武汉：武汉理工大学，2020.

4.2 问卷的发放与收集

本书在设计问卷时，以电子商务平台型企业为例来调查消费者对平台型企业的评价。选择电子商务平台型企业有以下几点原因：第一，本书的调查对象为消费者，主要探讨的是 PCSR 对消费者伦理行为的影响，因此考虑具有消费情境与平台情境的电子商务平台型企业；第二，电子商务平台型企业是消费者日常生活中接触最多的平台型企业，与其他类型平台型企业相比，消费者更为了解，回收的问卷质量会更高。

见数平台国内注册样本总数超过 300 万，覆盖中国所有省级行政区，数据质量真正达到国际顶级学术期刊要求，使用本平台收集数据的用户所发表的论文被心理学、社会学等领域的国内、国际 TOP 期刊录用，如 *Psychological Science*、《管理世界与心理学》。本书的问卷通过见数平台制作，通过线上与线下相结合的方式发放与收集。线上主要通过见数官方平台进行发放与回收，见数平台的数据显示，这些问卷覆盖湖北、山东等省份；线下主要在江西和安徽两个省份发放问卷。本书问卷的发放与回收时间为 2022 年 8—9 月，共回收 610 份问卷，见数平台显示消费者填写的时长等信息，筛掉耗时较长和较短的样本以及题项打分大部分相同的样本，最终有效样本为 565 份。

4.3 本章小结

本章首先阐述了问卷设计过程，包括各个变量测量指标的选择依据和选择过程，形成了本书最终调查问卷（见附录）；其次，对问卷的发放与收集过程进行说明，介绍了数据的来源。

第 5 章　数据分析与假设检验

5.1　描述性统计分析

5.1.1　样本人口统计学特征

消费者的基本信息如表 5.1 所示。男性消费者和女性消费者占比分别为 44.1% 和 55.9%，均在 50% 左右，因此从性别的角度看，本书的数据分布恰当。从年龄上看，处于 21 至 30 岁年龄阶段的消费者最多，处于 31 至 40 岁年龄阶段的消费者次之，占比分别为 59.8% 和 24.8%；处于 20 岁及以下年龄阶段的消费者占比为 6.5%；处于 41 至 50 岁年龄阶段的消费者占比为 5%；处于 51 岁及以上年龄阶段的消费者占比偏少，为 3.9%。由此可知，消费者多为中青年。从学历上来看，本科的消费者占比最大，为 40.7%；硕士及以上的消费者占比为 34%；专科的消费者占比为 18.2%；高中及以下的消费者占比较少，为 7.1%。从职业上来看，学生消费者的人数最多，在企业单位工作的消费者次之，占比分别为 34.3% 和 25.8%；在事业单位工作的消费者占比为 21.4%；从事自由职业的消费者占比为 12.7%；无职业的消费者占比偏少，为 5.7%。从消费者使用频率最高的平台来看，从淘宝购买的消费者最多，达到 57.7%；从京东购买的消费者次之，为 23.7%；从拼多多购买的消费者占总人数的 12.7%；从抖音或其他平台购买的消费者较少，分别为 3.4% 和 2.5%，这一数据结果与 2022

年中国消费者参加"双 11"购物节的平台分布排名相符，淘宝与京东领先，分别位于第一与第二，拼多多排第三，抖音、其他平台分别排第四与第五。

表 5.1 调查对象基本情况

类别	选项	人数	占比（%）
性别	男	249	44.1
	女	316	55.9
年龄	20 岁及以下	37	6.5
	21～30 岁	338	59.8
	31～40 岁	140	24.8
	41～50 岁	28	5.0
	51 岁及以上	22	3.9
学历	高中及以下	40	7.1
	专科	103	18.2
	本科	230	40.7
	硕士及以上	192	34.0
职业	学生	194	34.3
	企业单位工作人员	146	25.8
	事业单位工作人员	121	21.4
	自由职业者	72	12.7
	无职业者	32	5.7
平台	京东	134	23.7
	淘宝	326	57.7
	拼多多	72	12.7
	抖音	19	3.4
	其他	14	2.5

5.1.2 测量指标分析

在现实中,当样本量足够大时,如果数据统计分析结果显示接近正态分布,数据就可以被认为符合正态分布。数据是否符合正态分布会影响后续分析结果,本书依据的是 Kline 的判断指标,当数据偏度和峰度的绝对值分别低于建议值 3 和 10 时,表明研究数据符合正态分布,可以进行下一步分析[1]。本书的数据分析结果如表 5.2 所示。每个变量数据的均值在 [3.200,4.220] 区间内,偏度在 [-1.375,0.012] 区间内,峰度在 [-0.842,1.932] 区间内,各项数据均大致符合正态分布条件。因而,本书的样本数据近似服从正态分布。

表 5.2 变量数据统计表

题目	最小值	最大值	标准差	偏度 统计值	偏度 标准误	峰度 统计值	峰度 标准误	平均值	总均值
RSW1	1	5	0.811	-0.615	0.103	0.523	0.205	3.840	
RSW2	1	5	0.931	-0.461	0.103	-0.192	0.205	3.770	3.833
RSW3	1	5	0.920	-0.435	0.103	-0.422	0.205	3.820	
RSW4	1	5	0.864	-0.532	0.103	0.027	0.205	3.900	
RSE1	1	5	0.884	-0.574	0.103	-0.025	0.205	3.920	
RSE2	1	5	0.837	-0.718	0.103	0.447	0.205	4.040	3.940
RSE3	1	5	0.883	-0.498	0.103	-0.108	0.205	3.860	
RSS1	1	5	0.863	-0.553	0.103	0.160	0.205	3.880	
RSS2	1	5	0.965	-0.431	0.103	-0.108	0.205	3.690	3.763
RSS3	1	5	0.983	-0.509	0.103	-0.267	0.205	3.720	
RSC1	1	5	1.098	-0.525	0.103	-0.556	0.205	3.660	
RSC2	1	5	0.895	-0.580	0.103	-0.120	0.205	3.890	3.868
RSC3	1	5	0.873	-0.787	0.103	0.546	0.205	4.020	
RSC4	1	5	0.894	-0.690	0.103	0.348	0.205	3.900	

---

[1] Kline R B. Principles and practice of structure equation modeling[M]. New York: The Guilford Press,1998: 145-153.

续表

题目	最小值	最大值	标准差	偏度 统计值	偏度 标准误	峰度 统计值	峰度 标准误	平均值	总均值
RER1	1	5	0.880	-0.361	0.103	-0.238	0.205	3.760	
RER2	1	5	0.911	-0.203	0.103	-0.724	0.205	3.730	3.767
RER3	1	5	0.839	-0.332	0.103	-0.265	0.205	3.810	
CEI1	1	5	0.999	-0.792	0.103	0.281	0.205	3.820	
CEI 2	1	5	0.910	-0.759	0.103	0.587	0.205	3.720	
CEI 3	1	5	0.945	-0.493	0.103	0.002	0.205	3.620	3.548
CEI 4	1	5	0.985	0.0120	0.103	-0.380	0.205	3.200	
CEI 5	1	5	1.023	-0.313	0.103	-0.389	0.205	3.380	
PPQ1	1	5	0.918	-0.607	0.103	0.108	0.205	3.700	
PPQ2	1	5	0.926	-0.547	0.103	0.071	0.205	3.650	
PPQ3	1	5	0.923	-0.614	0.103	0.211	0.205	3.700	
PPQ4	1	5	0.949	-0.821	0.103	0.510	0.205	3.820	
PLQ1	1	5	0.913	-0.711	0.103	0.440	0.205	3.830	3.716
PLQ2	1	5	0.957	-0.734	0.103	0.262	0.205	3.790	
PLQ3	1	5	0.962	-0.484	0.103	-0.123	0.205	3.740	
PLQ4	1	5	0.967	-0.364	0.103	-0.362	0.205	3.480	
PLQ5	1	5	0.996	-0.690	0.103	0.102	0.205	3.730	
AI1	1	5	0.968	-1.090	0.103	1.116	0.205	4.020	
AI2	1	5	1.011	-0.954	0.103	0.402	0.205	4.010	4.083
AI3	1	5	1.003	-1.375	0.103	1.449	0.205	4.220	
AB1	1	5	0.909	-1.220	0.103	1.489	0.205	4.150	
AB2	1	5	0.923	-1.170	0.103	1.307	0.205	4.140	4.127
AB3	1	5	1.005	-1.091	0.103	0.626	0.205	4.090	
PB1	1	5	1.024	-0.760	0.103	-0.120	0.205	3.880	
PB2	1	5	1.133	-0.767	0.103	-0.328	0.205	3.830	3.840
PB3	1	5	1.087	-0.712	0.103	-0.303	0.205	3.810	

续表

题目	最小值	最大值	标准差	偏度统计值	偏度标准误	峰度统计值	峰度标准误	平均值	总均值
NH1	1	5	1.249	-0.529	0.103	-0.842	0.205	3.610	3.837
NH2	1	5	1.206	-0.752	0.103	-0.410	0.205	3.780	
NH3	1	5	1.125	-1.265	0.103	0.775	0.205	4.120	
PM1	1	5	0.859	-1.149	0.103	1.774	0.205	3.950	3.983
PM2	1	5	0.953	-1.068	0.103	0.868	0.205	4.070	
PM3	1	5	0.873	-1.200	0.103	1.932	0.205	4.050	
PM4	1	5	0.938	-0.909	0.103	0.703	0.205	3.860	

注：RSE 指社会经济责任；CEI 指消费者企业认同；PPQ 指感知产品质量；PLQ 指感知物流质量；PCSR 指平台型企业社会责任；RSC 指维护消费者正当权益；EBC 指消费者伦理行为；RSW 指社会公益责任；AI 指非法获益；AB 指主动获益；RSS 指促进社会稳定与进步的责任；PB 指被动获益；NH 指无伤害；RER 指保护自然环境与资源。

5.2 非响应性偏差检验

为了检验本书是否存在非响应性偏差，按照回收问卷的时间顺序，抽取了被调查者基本信息的前 25% 数据与后 25% 数据做配对样本 T 检验。根据结果可知，性别、年龄、学历、职业与平台的配对样本检验的显著性均大于 0.05，因而，配对样本 T 检验的结果不显著，表示本书不存在非响应性偏差[①]。

---

① Zhang J A, Edgar F, Geare A, et al. The interactive effects of entrepreneurial orientation and capability-based HRM on firm performance: The mediating role of innovation ambidexterity[J]. Industrial Marketing Management, 2016, 59: 131-143.

5.3 共同方法偏差检验

本书采用单一时点单一来源的问卷调查法进行实证研究，所以可能存在共同方法偏差（common method biases，CMB）问题，接下来采取两种方法对该问题进行检验。

首先，采用 Harman 单因素检验方法检验 CMB 问题，对研究中的所有变量做探索性因素分析，对没有旋转的因子分析结果进行检验，如果因子分析只分析出一个因子或者分析出的第一因子的解释总方差达到 50% 以上，则可以判断本书存在较为严重的同源方差问题[1]。本书对 PCSR、消费者企业认同、感知质量、消费者伦理行为与亲社会动机做探索性因子分析，在未旋转时第一个因子的累计方差百分比为 30.864%，未超过 50%，表明不存在一个因子能解释大部分的变异。因此，本书的共同方法偏差不严重。

其次，对数据进行验证性因子分析，根据分析结果可知单因子模型拟合结果：SRMR 为 0.097，大于 0.08；χ^2/df 为 5.863，大于 3；RMSEA 值为 0.093，大于 0.08；TLI 为 0.597，CFI 为 0.579，均小于 0.9。综上，测量模型的拟合指标不达标，因此，本书的共同方法偏差不严重[2]。

5.4 信度分析

本书采用 Cronbach's Alpha 系数与组合信度（composite reliability，CR）检验量表的信度。吴明隆对 Cronbach's Alpha 系数的判断原则为：一般要求总量表的 Cronbach's Alpha 系数大于 0.70（一般标准），最好大于 0.80（良好标

---

[1] 徐娟，邢云锋，鄢九红. 多元互动对农户参与农产品区域品牌共建意愿的影响：心理契约的中介效应 [J]. 农林经济管理学报，2021，20（01）：42-50.
[2] 赵红丹，郭利敏，罗瑾琏. 双元领导的双刃剑效应——基于认知紧张与工作活力双路径 [J]. 管理评论，2021，33（08）：211-223.

准）；分量表的 Cronbach's Alpha 系数大于 0.50（一般标准），最好大于 0.60（良好标准）[①]。

本书共用 47 个题项测量 PCSR 和消费者伦理行为之间的关系，主要包括 PCSR、消费者企业认同、感知质量、消费者伦理行为与亲社会动机。信度测量结果如表 5.3 至表 5.7 所示。

表 5.3　平台型企业社会责任量表的信度分析表

变量	项数	题项	Cronbach's Alpha 维度	Cronbach's Alpha 整体	Composite Reliability 维度	Composite Reliability 整体
社会公益	4	RSW1	0.805	0.901	0.806	0.894
		RSW2				
		RSW3				
		RSW4				
社会经济	3	RSE1	0.760		0.759	
		RSE2				
		RSE3				
促进社会稳定与进步	3	RSS1	0.758		0.760	
		RSS2				
		RSS3				
维护消费者正当权益	4	RSC1	0.795		0.803	
		RSC2				
		RSC3				
		RSC4				
保护自然环境与资源的行为	3	RER1	0.772		0.774	
		RER2				
		RER3				

---

① 吴明隆. 问卷统计分析实务——SPSS 操作与应用 [M]. 重庆：重庆大学出版社，2010：5；194-195；244.

表 5.4　消费者企业认同量表的信度分析表

变量	项数	题项	Cronbach's Alpha	Composite Reliability
消费者企业认同	5	CEI 1 CEI 2 CEI 3 CEI 4 CEI 5	0.847	0.848

表 5.5　感知质量各维度的信度分析表

变量	项数	题项	Cronbach's Alpha	Composite Reliability
感知产品质量	4	PP1 PP2 PP3 PP4	0.917	0.931
感知物流质量	5	PL1 PL2 PL3 PL4 PL5		

表 5.6　消费者伦理行为量表的信度分析表

变量	项数	题项	Cronbach's Alpha 维度	Cronbach's Alpha 整体	Composite Reliability 维度	Composite Reliability 整体
非法获益行为	3	AI1 AI2 AI3	0.812	0.855	0.814	0.799
主动获益行为	3	AB1 AB2 AB3	0.786		0.788	
被动获益行为	3	PB1 PB2 PB3	0.800		0.807	
节制伤害行为	3	NH1 NH2 NH3	0.785		0.786	

表 5.7　亲社会动机量表的信度分析表

变量	项数	题项	Cronbach's Alpha	Composite Reliability
亲社会动机	4	PM1	0.811	0.813
		PM2		
		PM3		
		PM4		

根据以上各表可知，PCSR、消费者企业认同、感知质量、消费者伦理行为、亲社会动机的各维度以及整体的 Cronbach's Alpha 系数都大于 0.7；PCSR、消费者企业认同、感知质量、消费者伦理行为、亲社会动机的各维度以及整体的 CR 值都大于 0.7。这表明本书的数据具有良好的信度。

5.5　效度分析

效度分析可以从内容效度（Content Validity）和建构效度（Construct Validity）两方面展开。本书中的 PCSR、消费者企业认同、感知质量、消费者伦理行为与亲社会动机量表均来自比较成熟的量表，基本可以保证内容效度，因此本书主要进行建构效度的分析，接下来通过验证性因子分析进行模型适配度、收敛效度和区分效度的分析。

5.5.1　模型适配度

对 PCSR 进行一阶验证性因子分析，Mplus8.0 分析软件输出的结果如表 5.8 所示。五因子模型的 SRMR 为 0.034，小于 0.08；χ^2/df 为 2.046，小于 3；RMSEA 值为 0.043，小于 0.08；TLI、CFI 值都大于 0.9。综上，PCSR 的五因子模型的拟合指标都较理想，模型的适配度较好。从表 5.8 中可以看出，将 PCSR 五个维度中的任意两个维度合并为一个维度所形成的四因子模型以及将五个维度合并为一个维度的单因子模型，它们的拟合指标均比五因子模型差，这表明本书中的 PCSR 下的五个维度具有很好的区分效度。

第5章 数据分析与假设检验

表 5.8 验证性因子分析表

变量	类型	因子	χ^2	DF	χ^2/df	RMSEA	CFI	TLI	SRMR
平台型企业社会责任	1. 单因子模型（一阶）	A+B+C+D+E	961.919	119	8.083	0.112	0.771	0.738	0.074
	2. 四因子模型一（一阶）	A+B、C、D、E	562.032	113	4.974	0.084	0.878	0.853	0.061
	3. 四因子模型二（一阶）	A+C、B、D、E	386.247	113	3.418	0.065	0.926	0.911	0.047
	4. 四因子模型三（一阶）	A+D、B、C、E	549.391	113	4.862	0.083	0.881	0.857	0.057
	5. 四因子模型四（一阶）	A+E、B、C、D	494.740	113	4.378	0.077	0.896	0.875	0.055
	6. 四因子模型五（一阶）	A、B+C、D、E	408.528	113	3.615	0.068	0.920	0.903	0.048
	7. 四因子模型六（一阶）	A、B+D、C、E	403.374	113	3.570	0.067	0.921	0.905	0.046
	8. 四因子模型七（一阶）	A、B+E、C、D	357.054	113	3.160	0.062	0.934	0.920	0.043
	9. 四因子模型八（一阶）	A、B、C+D、E	434.090	113	3.842	0.071	0.910	0.892	0.049
	10. 四因子模型九（一阶）	A、B、C+E、D	358.306	113	3.171	0.062	0.932	0.918	0.043
	11. 四因子模型十（一阶）	A、B、C、D+E	435.059	113	3.850	0.071	0.920	0.895	0.048
	13. 五因子模型（一阶）	A、B、C、D、E	222.960	109	2.046	0.043	0.969	0.961	0.034
	14. 五因子模型（二阶）	A、B、C、D、E	252.289	114	2.213	0.046	0.962	0.955	0.039
消费者伦理行为	1. 单因子模型（一阶）	a+b+c+d	970.211	54	17.967	0.173	0.646	0.568	0.105
	2. 三因子模型一（一阶）	a+b、c、d	321.930	51	6.312	0.097	0.895	0.865	0.055
	3. 三因子模型二（一阶）	a+c、b、d	538.471	51	10.558	0.130	0.812	0.756	0.083
	4. 三因子模型三（一阶）	a+d、b、c	481.330	51	9.438	0.122	0.834	0.785	0.078
	5. 三因子模型四（一阶）	a、b+c、d	511.732	51	10.034	0.126	0.822	0.770	0.078
	6. 三因子模型五（一阶）	a、b+d、c	545.873	51	10.703	0.198	0.844	0.790	0.074
	7. 三因子模型六（一阶）	a、b、d+c	422.992	51	8.294	0.114	0.856	0.814	0.069
	8. 四因子模型（一阶）	a、b、c、d	125.106	48	2.606	0.054	0.970	0.959	0.039
	9. 四因子模型（二阶）	a、b、c、d	147.105	50	2.942	0.059	0.963	0.951	0.046

注：A 指社会公益责任；B 指社会经济责任；C 指促进社会稳定与进步的责任；D 指维护消费者正当权益；E 指保护自然环境与资源；a 指非法获益；b 指主动获益；c 指被动获益；d 指无伤害。

对消费者伦理行为进行一阶验证性因子分析，Mplus8.0 分析软件输出的结果如表 5.8 所示。四因子模型的 SRMR 为 0.039，小于 0.08；χ^2/df 为 2.606，小于 3；RMSEA 值为 0.054，小于 0.08；TLI、CFI 值都大于 0.9。综上，消费者伦理行为的四因子模型的拟合指标都较理想，模型的适配度较好。将消费者伦理行为四维度中的任意两个维度合并为一个维度所形成的三因子模型以及将四个维度合并为一个维度的单因子模型，它们的拟合指标均比四因子模型差，这表明本书中的消费者伦理行为的四个维度具有很好的区分效度。

此外，Lai 等认为，一阶因子模型的 χ^2 除以二阶因子模型的 χ^2 所得到的目标系数值与 1 的差值越小，说明二阶模型越能够被接受，越适合替代一阶因子模型[1]。所以，本书分别将 PCSR 与消费者伦理行为的一阶因子模型的 χ^2 除以二阶因子模型的 χ^2，通过计算得到：PCSR 构面的目标系数为 0.883，说明可以用二阶模型解释五因子 88.3% 的变化；消费者伦理行为的目标系数为 0.888，说明可以用二阶模型解释四因子 88.8% 的变化。因此，本书构建的 PCSR 与消费者伦理行为二阶模型能够取代其相应的一阶模型。

5.5.2 收敛效度

吴明隆认为可以从平均方差抽取量（average variance extracted，AVE）、标准化因子负荷量两方面衡量收敛效度。依据 Tabachnica 和 Fidell 界定的标准对收敛效度进行判断：当因子载荷量大于 0.71，AVE 大于 0.5 时，则认为优秀；当因子载荷量大于 0.63，AVE 大于 0.4 时，则认为非常好[2]。

本书通过运行 Mplus8.0 分析软件得到相关指标值，并主要利用因子载荷和平均方差抽取量（AVE）两个指标判断整个模型各个构面的收敛效度。根据表 5.9 可知，PCSR 每个题项的因子载荷均大于 0.6，P 值均小于 0.001，平均

---

[1] Lai C S, Chiu C J, Yang C F, et al. The effects of corporate social responsibility on brand performance: The mediating effect of industrial brand equity and corporate reputation[J]. Journal of Business Ethics, 2010, 95(3):457-469.

[2] Tabachnick B G, Fidell L S. Using multivariate statistics [M]. Needham Height, MA: Allyn & Bacon, 2007.

方差抽取量分别为 0.511、0.513、0.513、0.506 与 0.533，均大于 0.5，说明该二阶模型的五个构面具有较好的收敛效度；消费者伦理行为每个题项的因子载荷均大于 0.6，P 值均小于 0.001，平均方差抽取量分别为 0.594、0.554、0.573、0.551，均大于 0.5，说明该二阶模型的四个构面具有较好的收敛效度[①]。

表 5.9　二阶收敛效度检验表

变量	构面	题目	因子载荷	P-Value	AVE
PCSR	RSW	RSW1	0.685	***	0.511
		RSW2	0.697	***	
		RSW3	0.748	***	
		RSW4	0.726	***	
	RSE	RSE1	0.745	***	0.513
		RSE2	0.675	***	
		RSE3	0.726	***	
	RSS	RSS1	0.691	***	0.513
		RSS2	0.727	***	
		RSS3	0.730	***	
	RSC	RSC1	0.661	***	0.506
		RSC2	0.726	***	
		RSC3	0.698	***	
		RSC4	0.757	***	
	RER	RER1	0.751	***	0.533
		RER2	0.724	***	
		RER3	0.714	***	
EBC	AI	AI1	0.802	***	0.594
		AI2	0.770	***	
		AI3	0.738	***	
	AB	AB1	0.762	***	0.554
		AB2	0.765	***	
		AB3	0.704	***	

---

① 吴明隆. 结构方程模型——AMOS 的操作与运用 [M]. 重庆：重庆大学出版社，2013：1-2；39-59；158-159；232.

续表

变量	构面	题目	因子载荷	P-Value	AVE
EBC	PB	PB1	0.714	***	0.573
		PB2	0.772	***	
		PB3	0.783	***	
	NH	NH1	0.714	***	0.551
		NH2	0.770	***	
		NH3	0.742	***	

注：* 表示 P<0.05；** 表示 P<0.01；*** 表示 P<0.001；PCSR 指平台型企业社会责任；RSW 指社会公益责任；RSE 指社会经济责任；RSS 指促进社会稳定与进步的责任；RSC 指维护消费者正当权益；RER 指保护自然环境与资源；EBC 指消费者伦理行为；AI 指非法获益；AB 指主动获益；PB 指被动获益；NH 指无伤害。

由表 5.10 可知，标准化因子载荷量均大于 0.6，显著性均小于 0.001，各变量的 AVE 值均大于 0.7。依据 Tabachnica 和 Fidell 界定的标准，可看出所有的标准化因子负荷量达到了良好及以上的评价标准[1]。PCSR、CEI、PQ、EBC、PM 的 AVE 值分别为 0.629、0.527、0.602、0.501、0.522，均大于 0.5，因此，该模型是具有收敛效度的[2]。

表 5.10 全模型收敛效度表

变量	构面	因子载荷	P-Value	AVE
PCSR	RSW	0.748	***	0.629
	RSE	0.749	***	
	RSS	0.853	***	
	RSC	0.803	***	
	RER	0.806	***	

---

[1] Tabachnick B G, Fidell L S. Using multivariate statistics [M]. Needham Height, MA: Allyn & Bacon,2007.

[2] 吴明隆. 结构方程模型——AMOS 的操作与运用 [M]. 重庆：重庆大学出版社，2013：1-2；39-59；158-159；232.

续表

变量	构面	因子载荷	P-Value	AVE
CEI	CEI 1	0.713	***	0.527
	CEI 2	0.692	***	
	CEI 3	0.735	***	
	CEI 4	0.753	***	
	CEI 5	0.736	***	
PQ	PPQ1	0.848	***	0.602
	PPQ2	0.799	***	
	PPQ3	0.813	***	
	PPQ4	0.713	***	
	PLQ1	0.750	***	
	PLQ2	0.753	***	
	PLQ3	0.799	***	
	PLQ4	0.653	***	
	PLQ5	0.838	***	
EBC	AI	0.772	***	0.501
	AB	0.737	***	
	PB	0.632	***	
	NH	0.681	***	
PM	PM1	0.702	***	0.522
	PM2	0.786	***	
	PM3	0.704	***	
	PM4	0.692	***	

注：* 表示 P<0.05；** 表示 P<0.01；*** 表示 P<0.001；RSE 指社会经济责任；CEI 指消费者企业认同；PPQ 指感知产品质量；PLQ 指感知物流质量；PCSR 指平台型企业社会责任；RSC 指维护消费者正当权益；EBC 指消费者伦理行为；RSW 指社会公益责任；AI 指非法获益；AB 指主动获益；RSS 指促进社会稳定与进步的责任；PB 指被动获益；NH 指无伤害；RER 指保护自然环境与资源；PM 指亲社会动机。

5.5.3 区分效度

本书采取两种方法检验区分效度，第一种方法是根据变量的AVE值平方根与变量间相关系数值的比较情况，第二种方法是对各个模型的拟合指标进行比较。

首先，在收敛效度检验的基础上进一步计算，检验各个变量之间的区别效度，得到模型每个变量的区别效度如表5.11所示。PCSR、CEI、PQ、EBC、PM五个变量的AVE平方根分别为0.793、0.726、0.776、0.708和0.722，与各自对应的因子相关系数值做比较，情况乐观，这说明模型具有良好的区别效度。

表5.11 区别效度分析表

变量	PCSR	CEI	PQ	EBC	PM
PCSR	0.793				
CEI	0.555**	0.726			
PQ	0.568**	0.464**	0.776		
EBC	0.582**	0.531**	0.486**	0.708	
PM	0.556**	0.561**	0.529**	0.567**	0.722

注：* 表示P<0.05；** 表示P<0.01；*** 表示P<0.001；对角线上的加粗数值指的是AVE的平方根；PCSR指平台型企业社会责任；CEI指消费者企业认同；PQ指感知质量；EBC指消费者伦理行为；PM指亲社会动机。

其次，使用Mplus8.0分析软件进行验证性因子分析，得到各个模型的拟合指标，如表5.12所示。通过与本书的基准模型比较，模型2至模型21的各项拟合指标均变差，说明本书的模型具有良好的区分效度。

表 5.12 变量区分的验证性因子分析

模型	因子	χ^2	df	χ^2/df	RMESA	CFI	TLI	SRMR
基准模型（五因子模型）	A、B、C、D、E	1710.950	1013	1.689	0.035	0.944	0.940	0.044
模型 2（四因子模型）	A+B、C、D、E	4026.810	1028	3.917	0.072	0.760	0.748	0.065
模型 3（四因子模型）	A+C、B、D、E	3180.483	1023	3.109	0.061	0.827	0.818	0.057
模型 4（四因子模型）	A+D、B、C、E	2997.157	1023	2.930	0.058	0.842	0.833	0.056
模型 5（四因子模型）	A+E、B、C、D	3645.945	1023	3.564	0.067	0.790	0.778	0.072
模型 6（四因子模型）	A、B+C、D、E	3101.106	1024	3.028	0.060	0.834	0.824	0.057
模型 7（四因子模型）	A、B+D、C、E	2971.692	1024	2.902	0.058	0.844	0.835	0.057
模型 8（四因子模型）	A、B+E、C、D	3677.934	1024	3.592	0.068	0.788	0.776	0.066
模型 9（四因子模型）	A、B、C+D、E	2162.539	1019	2.122	0.045	0.909	0.903	0.048
模型 10（四因子模型）	A、B、C+E、D	2666.031	1019	2.616	0.053	0.868	0.860	0.064
模型 11（四因子模型）	A、B、C、D+E	2378.199	1019	2.334	0.049	0.891	0.885	0.059
模型 12（三因子模型）	A+B+C、D、E	4489.080	1031	4.354	0.077	0.723	0.710	0.069
模型 13（三因子模型）	A+B+D、C、E	4323.552	1031	4.194	0.075	0.736	0.724	0.068
模型 14（三因子模型）	A+B+E、C、D	5186.686	1031	5.031	0.084	0.667	0.651	0.078
模型 15（三因子模型）	A+C+D、B、E	3401.291	1026	3.315	0.064	0.810	0.800	0.059
模型 16（三因子模型）	A+C+E、B、D	4267.002	1026	4.159	0.075	0.741	0.727	0.073
模型 17（三因子模型）	A+D+E、B、C	3988.215	1026	3.887	0.071	0.763	0.750	0.071
模型 18（三因子模型）	A、B+C+D、E	3410.721	1027	3.321	0.064	0.809	0.799	0.060
模型 19（三因子模型）	A、B+C+E、D	4250.818	1027	4.139	0.075	0.742	0.728	0.071
模型 20（三因子模型）	A、B、C+D+E	3043.826	1022	2.978	0.059	0.838	0.829	0.064
模型 21（单因子模型）	A+B+C+D+E	6068.416	1035	5.863	0.093	0.597	0.579	0.097

注：A 代表消费者伦理行为；B 代表平台型企业社会责任；C 代表消费者企业认同；D 代表亲社会动机；E 代表感知质量。

5.6 相关性分析

本书采用 Pearson 相关系数进行双侧显著性检验，通过其结果初步验证 PCSR、消费者企业认同、感知质量、消费者伦理行为与亲社会动机五个变量间的相关关系，相关系数的绝对值处于 [0.0,0.2] 区间代表极弱相关，处于 [0.2,0.4] 区间代表弱相关，处于 [0.4,0.6] 区间代表中度相关，处于 [0.6,0.8] 区间代表强相关，处于 [0.8,1.0] 区间表示极强相关。本书变量的具体相关分析结果如表 5.13 所示。PCSR 指向消费者企业认同、感知质量和消费者伦理行为的相关系数分别为 0.555、0.568、0.582（P<0.01），这表明 PCSR 与消费者企业认同、感知质量、消费者伦理行为都有显著正相关关系，可以进一步做验证分析。消费者企业认同、感知质量指向消费者伦理行为的相关系数为 0.531 和 0.486（P<0.01），表明消费者企业认同、感知质量与消费者伦理行为存在显著正相关关系，可以进一步做验证分析。此外，亲社会动机对其他变量具有显著性影响。各变量之间的相关程度为中等，因此相关关系符合数据分析要求，能够继续进一步的研究。

表 5.13 相关性分析

变量	SEX	AGE	COL	PCSR	CEI	PQ	EBC	PM
SEX	1							
AGE	-0.046	1						
COL	0.024	-0.053	1					
PCSR	-0.065	0.159**	-0.031	1				
CEI	-0.059	0.132**	0.051	0.555**	1			
PQ	-0.036	0.138**	-0.003	0.568**	0.464**	1		
EBC	-0.020	0.137**	-0.050	0.582**	0.531**	0.486**	1	
PM	-0.053	0.066	-0.003	0.556**	0.561**	0.529**	0.567**	1

注：* 表示 P<0.05；** 表示 P<0.01；*** 表示 P<0.001；SEX 指性别；AGE 指年龄；COL 指学历；PCSR 指平台型企业社会责任；CEI 指消费者企业认同；PM 指亲社会动机。

5.7 多重共线性检验

根据表 5.13 可知，部分变量之间的相关性水平接近 0.6，可能存在多重共线性问题，因此，本书进行多重共线性检验。根据结果可知，PCSR、消费者企业认同、感知质量、亲社会动机与消费者伦理行为之间的 VIF 值分别为 1.862、1.689、1.657、1.786。朱渝梅等认为当 VIF 值远小于 5 时，存在多重共线性问题的可能性比较小；本书的 VIF 值远小于 5，因此本书不存在多重共线性问题[①]。

5.8 结构方程模型分析

5.8.1 结构方程模型的拟合检验

根据前文对 PCSR、消费者企业认同、感知质量和消费者伦理行为四个变量间的假设分析，本书以 SOR 理论为基础，构建 PCSR 对消费者伦理行为影响研究的结构方程模型。其中 PCSR 为外生潜变量，消费者企业认同、感知质量、消费者伦理行为为内生潜变量。本书采用绝对拟合指数和比较拟合指数进行拟合检验。通过运行 Mplus8.0 分析软件，得到了整个结构方程模型的各个拟合指标。根据表 5.14 可知：χ^2/df 为 1.716；CFI 为 0.939，TLI 为 0.935，皆大于 0.9；RMSEA 为 0.036，SRMR 为 0.048，均小于 0.08，从以上数据可知，拟合指数均在判断标准之内。因此，本书的结构方程模型通过拟合检验，模型适配度良好。

---

① 朱渝梅，李日华，刘伟. 董事会成员背景多元化对企业创新产出的影响——基于内部控制有效性调节效应的分析 [J]. 华南师范大学学报（自然科学版），2020，52（04）：120-128.

表 5.14　模型拟合度检验结果

拟合度指标	关键值	模型拟合	是否符合
χ^2	越小越好	1654.694	
Df	越大越好	964	
χ^2/Df	$1<\chi^2/Df<3$	1.716	符合
CFI	>0.9	0.939	符合
TLI	>0.9	0.935	符合
RMSEA	<0.08	0.036	符合
SRMR	<0.08	0.048	符合

5.8.2　结构方程模型的路径检验

基于上述分析，通过运行 Mplus8.0 分析软件，得到如图 5.1 所示的结构方程模型，并整理出表 5.15。在路径中，路径 1、2、3 与 5 均在 P 在 0.001 水平内具有显著的正相关，路径 6 是在 P 在 0.05 水平内具有显著的正相关。由该结果可知，PCSR 对消费者伦理行为的正向影响显著（β=0.413，P<0.001），PCSR 对消费者企业认同的正向影响显著（β=0.680，P<0.001），消费者企业认同对消费者伦理行为的正向影响显著（β=0.279，P<0.001），PCSR 对消费者感知质量的正向影响显著（β=0.690，P<0.001），消费者感知质量对消费者伦理行为的正向影响显著（β=0.201，P<0.05）。

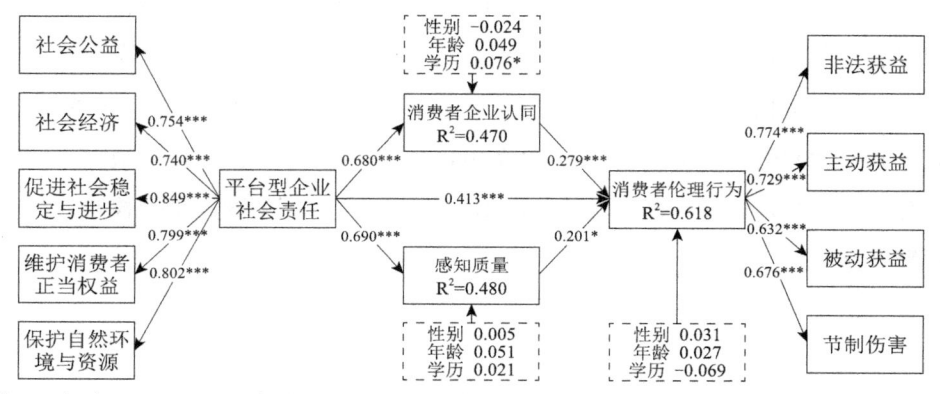

注：* 表示 P＜0.05；** 表示 P＜0.01；*** 表示 P＜0.001；性别、年龄、学历为控制变量。

图 5.1　结构方程模型路径图

表 5.15　全模型结构方程路径检验

假设	路径			标准化估计	标准误	T 值	P 值	结果
H1	EBC	←	PCSR	0.413	0.110	3.744	***	支持
H2	CEI	←	PCSR	0.680	0.045	15.213	***	支持
H3	EBC	←	CEI	0.279	0.077	3.626	***	支持
H5	PQ	←	PCSR	0.690	0.050	13.903	***	支持
H6	EBC	←	PQ	0.201	0.083	2.432	*	支持

注：* 表示 P<0.05；** 表示 P<0.01；*** 表示 P<0.001；PCSR 指平台型企业社会责任；CEI 指消费者企业认同；PQ 指感知质量；EBC 指消费者伦理行为；PM 指亲社会动机。

5.9　中介效应检验

为了验证本书的消费者企业认同与感知质量在 PCSR 与消费者伦理行为之间的中介作用，本书利用 Bootstrap 检验和 Sobel 检验两种方法对消费者企业认同与感知质量的中介作用进行检验。

1. Bootstrap

Mplus8.0 分析软件特别适合处理复杂模型配置，本书存在消费者企业认同与感知质量两个中介变量，所以使用 Bootstrap 的方法并且参考最新的 Stride 等人提供的 Mplus 代码对消费者企业认同与感知质量的中介效应进行检测。根据 Hayes 的判断原则：间接效应在 95% 的置信区间包括 0 即中介效应不显著，在 95% 的置信区间不包括 0 即中介效应显著[①]。如果此时 PCSR 与消费者伦理行为之间的直接效应在 95% 的置信区间内不包含 0，那么此时消费者企业认同与感知质量的中介效应为部分中介。本书有放回地随机抽取 2000 个样本进行 Bootstrap 分析检验。基于 Bootstrap 分析，本书测量总体间接效应、消费者企业认同和感知质量的间接效应，以及 PCSR 与消费者伦理行为的直接效应，结果如表 5.16 所示。

---

① Hayes A R. Introduction to mediation, moderation, and conditional process analysis: A regression based approach[M]. New York: The Guilford Press, 2017.

表 5.16 基于 Bootstrap 分析的直接效应与间接效应检验结果

效应	标准化系数	Bootstrap 95%CI Lower	Bootstrap 95%CI Upper
Total indirect	0.328***	0.166	0.498
indirect 1	0.190***	0.083	0.296
indirect 2	0.139*	0.028	0.267
Direct	0.413***	0.192	0.628

注：* 表示 P<0.05；** 表示 P<0.01；*** 表示 P<0.001。

PCSR 对消费者伦理行为的总间接效果为 0.328，在 95% 置信水平下的置信区间为 [0.166,0.498]，未包含 0，且 P 值小于 0.05，故总间接效应成立。消费者企业认同在 PCSR 与消费者伦理行为之间的间接效应为 0.190，在 95% 置信水平下的置信区间为 [0.083,0.296]，未包含 0，且 P 值小于 0.05，进一步验证了消费者认同在 PCSR 与消费者伦理行为的关系中起中介作用，假设 4 成立。感知质量在 PCSR 与消费者伦理行为之间的间接效果为 0.139，在 95% 置信水平下的置信区间为 [0.028,0.267]，未包含 0，且 P 值小于 0.05，中介效应存在且显著，感知质量在 PCSR 与消费者伦理行为的关系中起中介作用再次被验证，假设 7 成立。PCSR 对消费者伦理行为的直接效果为 0.413，在 95% 置信水平下的置信区间为 [0.192,0.628]，未包含 0，且 P 值小于 0.05，故直接效果成立。故消费者企业认同与感知质量在 PCSR 与消费者伦理行为之间发挥着部分中介作用。

2.Sobel

如图 5.2 所示，a、b、c、c′ 分别为模型的路径系数。

图 5.2 Sobel 检验

$$s=\frac{ab}{SE_{ab}}, \quad SE_{ab}=\sqrt{a^2SE_b^2+b^2SE_a^2}$$

SE_a 与 SE_b 分别是路径 a 与路径 b 的标准误，在显著性水平 P=0.05 的条件下 c 显著，若 s>1.96 的绝对值，即中介存在。

首先，对"平台型企业社会责任——消费者企业认同——消费者伦理行为"这条中介路径进行分析。通过计算得到 PCSR 到消费者伦理行为的非标准化路径系数 c 为 0.589（P<0.001），PCSR 到消费者企业认同的非标准化路径系数为 1.137，标准误为 0.151，消费者企业认同到消费者伦理行为的非标准化路径系数为 0.238，标准误为 0.070，由此可计算得出 s=3.4>1.69。这说明中介效应成立，即消费者企业认同在 PCSR 与消费者伦理行为之间起中介作用。

其次，对"平台型企业社会责任——感知质量——消费者伦理行为"这条中介路径进行分析。PCSR 到感知质量的非标准化路径系数为 1.222，标准误为 0.158，感知质量到消费者伦理行为的非标准化路径系数为 0.162，标准误为 0.075，由此可计算得出 s=2.16>1.69。这说明中介效应成立，即感知质量在 PCSR 与消费者伦理行为之间起中介作用。

5.10 调节效应分析

为进一步验证和解释研究模型中的调节作用，本书利用 Mplus8.0 分析软件，建立包含 PCSR、亲社会动机、消费者企业认同、PCSR 和亲社会动机的交互项的模型。根据表 5.17，"平台型企业社会责任——消费者企业认同"和"亲社会动机——消费者企业认同"这两条路径是显著的，"PCSR 与亲社会动机的交互项——消费者企业认同"这条路径的 P 值小于 0.01，所以 P 值也是显著的，由此可知调节效应是显著的，假设 8 成立。

表 5.17　路径检验

路径	标准化系数	S.E.	Est./S.E.	P-Value
PCSR → CEI	0.345	0.038	9.104	***
PM → CEI	0.429	0.043	9.889	***
PCSRPM → CEI	0.109	0.040	2.742	**

注：* 表示 P<0.05；** 表示 P<0.01；*** 表示 P<0.001；PCSR 指平台型企业社会责任；CEI 指消费者企业认同；PM 指亲社会动机；PCSRPM 指平台型企业社会责任与亲社会动机的交互项。

笔者绘制出了亲社会动机的调节效应图（见图 5.3），描绘了消费者的亲社会动机在 PCSR 影响消费者企业认同时的调节作用。具体来说，当亲社会动机水平较低时，PCSR 对消费者企业认同的影响没有显著变化；当亲社会动机水平较高时，PCSR 对消费者企业认同的影响则有显著变化。综上，消费者的亲社会动机是 PCSR 影响消费者企业认同的一个显著的边界条件。

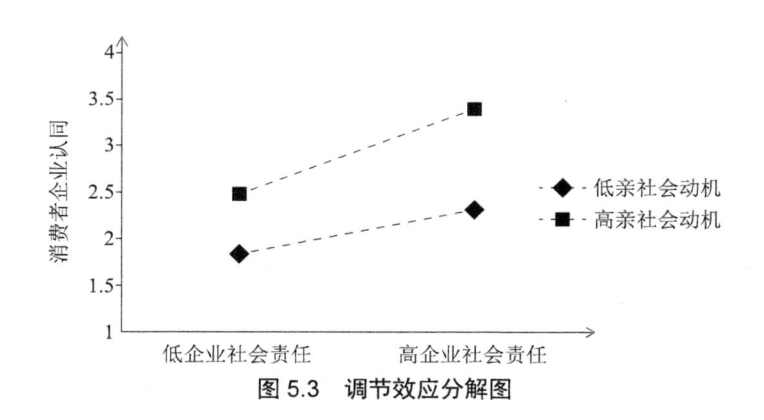

图 5.3　调节效应分解图

5.11　条件过程模型分析：有调节的中介效应分析

有调节的中介效应是指同时对中介效应与调节效应进行检验。Hayes 认为调节变量是外来变量，所发挥的作用是提供不同水平下调节变量对中介变量的中介作用的影响过程,这一影响过程被认为是条件,因此他把调节与中介效应同时存在的模型称为"条件过程模型"[①]。本书的研究模型中既存在中介变量又存在调节变量,且与 Hayes 的模型 7 一致,因而下文对有调节的中介效应进行分析,希望能够进一步揭示本书研究模型的影响机制。

通过对有调节的中介模型进行分析可以得知调节变量亲社会动机对消费者企业认同中介作用的影响效果。前述调节效应检验已经分析了亲社会动机对 PCSR 和消费者企业认同之间的调节作用,因此在前文分析的基础上进一步参照 Hayes 建议的 Bootstrap 方法,利用 Mplus8.0 分析软件对消费者企业认同的中介作用进行了检验[②]。本书需要同时对调节变量亲社会动机与中介变量消费者企业认同的作用进行检验,属于有调节变量存在的中介效应。依据 Hayes 指出的判断原则,判断间接效应是否存在需要观察以下两个指标:一是该回归系数在 0.05 的显著性水平是否显著;二是在 95% 的置信区间是否在 0 的同一侧(左侧或右侧),如果置信区间在同一侧且显著,那么间接效应存在。由表 5.18 可知,在亲社会动机三个水平上间接效应、有调节的中介效应、间接效应比较以及总效应在 95% 置信区间内不包含 0,且在 0.05 的显著性水平上显著,因此消费者企业认同在自变量与因变量关系中的中介效应也呈上升趋势,即随着亲社会动机的增强,PCSR 容易通过提升消费者认同来刺激消费者采取伦理行为。

表 5.18　有调节的中介效应 Bootstrap 检验

结果类型	指标	效应值	P-Value	Bootstrap 95%CI Lower	Bootstrap 95%CI Upper
间接效应	IND low	0.100	***	0.021	4.869
	IND med	0.122	***	0.021	5.824
	IND high	0.145	***	0.025	5.861
有调节的中介效应	IMM	0.036	**	0.014	2.582

---

① Hayes A F. Introduction to mediation, moderation, and conditional process analysis: A regression based approach [M]. New York: The Guilford Press, 2013.

② Hayes A R. Introduction to mediation, moderation, and conditional process analysis: A regression based approach[M]. New York: The Guilford Press, 2017.

续表

结果类型	指标	效应值	P-Value	Bootstrap 95%CI Lower	Bootstrap 95%CI Upper
间接效应比较	DIF1	0.022	**	0.009	2.582
	DIF2	0.045	**	0.017	2.582
	DIF3	0.022	**	0.009	2.582
总效应	TOTAL1	0.577	***	0.043	13.320
	TOTAL2	0.600	***	0.042	14.318
	TOTAL3	0.622	***	0.042	14.748

注：* 表示 $P<0.05$；** 表示 $P<0.01$；*** 表示 $P<0.001$。

由上述研究可知，本书提出的 8 个假设得到全部的验证，现将其汇总，如表 5.19 所示。

表 5.19 研究假设检验结果汇总表

假设	假设内容	检验结果
H1	平台型企业社会责任正向影响消费者伦理行为	成立
H2	平台型企业社会责任与消费者企业认同之间存在正相关	成立
H3	消费者企业认同正向影响其伦理行为的倾向性，认同感越高，他们产生伦理行为的可能性就会越大	成立
H4	消费者企业认同在企业社会责任和消费者伦理行为的关系中起中介作用	成立
H5	平台型企业社会责任会提升消费者购后的感知质量	成立
H6	感知质量正向影响消费者伦理行为	成立
H7	感知质量在平台型企业社会责任与消费者伦理行为中间起中介作用	成立
H8	亲社会动机对平台型企业社会责任与消费者企业认同的关系中起正向调节作用	成立

5.12　本章小结

本章首先进行描述性统计分析，对样本人口统计学特征与测量指标进行分析；其次，采取配对样本 T 检验方法对非响应性偏差问题进行检验；再次，使用验证性因子分析与 Harman 单因素法检验共同偏差问题；再次，对量表的信效度、相关性与多重共线性进行分析；再次，进行结构方程分析，进行结构方程的拟合检验与路径检验；再次，采取 Bootstrap 法和 Sobel 法完成对消费者企业认同与感知质量中介作用的检验；最后，进行调节分析与有调节的中介效应分析。

第 6 章　研究结论与展望

本书通过定性研究与定量研究相结合的方法，对前文提出的 8 个假设进行了检验，这 8 个假设均成立。本章首先对本书得出的每条结论展开讨论；其次，基于本书的研究结论对企业提出三条建议；最后，指出本书存在的局限以及未来研究可能需要改进的内容。

6.1　研究结论

本书基于 SOR 理论模型、组织认同理论与感知质量理论，从消费者角度对平台型企业履责情况进行调查，明确消费者对 PCSR 的认知，以消费者企业认同和感知质量为中介变量，以亲社会动机为调节变量，明确了 PCSR 对消费者伦理行为的影响机制。本书主要得出以下几条结论。

6.1.1　PCSR 能够显著影响消费者伦理行为

PCSR 与消费者伦理行为之间的直接效应显著（β=0.413，P＜0.001），假设 1 得到数据结果的支持，结果如表 5.15 所示。

平台型企业积极承担社会、公益、经济、消费者权益、环境五个方面的责任，不仅会满足消费者的特定需求，还会促使消费者与企业在伦理方面产生共鸣，进而影响消费者伦理行为（见案例专栏 1）。经由本书证实的这一结论，与宋东辉的"当消费者具有积极的道德情感时，会根据企业履责行为表现对企业进行评价，最终表现为积极的购买意愿"这一结论保持一致[1]。本结论亦与褚维得出的结论一致，他认为"消费者 CSR 认知度越高，其行为越具有伦理性"，研究结果表明学生的 CSR 认知对他们的伦理行为倾向有部分正向影响[2]。

6.1.2　PCSR 能够显著影响消费者企业认同与感知质量

PCSR 与消费者企业认同之间的直接效应显著（β=0.680，P＜0.001），假设 2 得到数据结果的支持；PCSR 与感知质量之间的直接效应显著（β=0.690，P＜0.001），假设 5 得到数据结果的支持，结果如表 5.15 所示。

平台型企业积极履行社会责任会影响消费者做出心理环境判断，提高企业在消费者心中的地位与认同感，并增加消费者在该企业消费后的感知质量（见案例专栏 2）。这一结论与孙绪芹的结论是一致的，她将零售企业作为研究对象，发现企业积极履责能够促进消费者企业认同的提升，并且企业社会责任履行情况与消费者企业认同情况存在正相关性。此外，本书也支持了谢骞提出的"平台型企业履行 CSR 可以获得消费者的共鸣，消费者对企业的共鸣可以增强其对企业的认同感，最终影响消费者对企业产品与服务的购买决策"这一结论[3]。

同时，平台型企业认真履行社会责任是提升其形象的有效途径，能够提高消费者选择该平台进行消费后所感知到的物流及产品质量。这一结论与高文燕的研究结果一致，她通过对乳制品企业社会责任履行进行研究，发现当消费者感知到企业积极履行对社会有益的 CSR 时，内心会产生一种该企业极具社会责任感的认知，从而正向影响其感知质量[4]。消费者企业认同和感知质量的提升不仅会对现有客户造成极大的影响，还会在一定程度上对潜在客户造成间接

---

[1] 宋东辉. 企业内部责任感知对消费者购买意愿的影响研究 [D]. 广州：广东财经大学，2018.
[2] 褚维. 商业伦理教育对商学院 MBA 学生伦理行为倾向的影响机制研究 [D]. 兰州：兰州大学，2015.
[3] 谢骞. 平台企业社会责任对消费者购买意愿的影响研究 [D]. 杭州：杭州电子科技大学，2022.
[4] 高文燕. 乳制品企业社会责任对消费者购买意愿的影响研究 [D]. 哈尔滨：黑龙江大学，2018.

影响，并将潜在顾客转化为现有顾客，进而在很大程度上激发消费者伦理行为的出现。

6.1.3 消费者企业认同与感知质量正向影响消费者伦理行为

消费者企业认同与消费者伦理行为之间的直接效应显著（β=0.279，P＜0.001），假设 3 得到数据结果的支持；感知质量与消费者伦理行为之间的直接效应显著（β=0.201，P＜0.001），假设 6 得到数据结果的支持，结果如表 5.15 所示。

当消费者对企业产生认同感时，其价值观或行为方式都会与企业产生共鸣，消费者会自觉维护企业的利益与名誉，时刻为企业着想，将企业荣誉提升至自身荣誉的重要程度，因此，消费者会选择接受有利于企业利益的伦理行为（见案例专栏 3）。这一结论与 Sen 和 Bhattacharya 的结论一致，当消费者知晓企业积极承担社会责任后，其对企业的认同感会大幅度提升，引发消费者对企业忠诚感的上升，最终正向影响消费者的伦理行为[1]。

消费者购后的感知质量正向影响消费者伦理行为的假设得到验证。这与洪施怡的研究结果一致，她通过实证研究得出结论，CSR 越强，消费者的感知质量就越高，高感知质量会为企业带来长期的绩效与较高的客户忠诚度，不仅使得消费者愿意溢价支付，还会在很大程度上影响消费者偏好和决策过程[2]。消费者选择了某购物平台进行消费后，如果消费者感知到的物流与产品质量提高且预期收益增加，那么他采取伦理行为的倾向就会更加明显。

---

[1] Sen S, Bhattacharya C B. Does doing good always lead to doing better? Consumer reactions to corporate social responsibility[J]. Journal of Marketing Research, 2001, 38(2):225-243.

[2] 洪施怡. 基于 SOR 模型讨论电子商务企业社会责任对消费者购买意愿的影响——以阿里巴巴为例[J]. 现代商业，2021（26）：3-9.

6.1.4 PCSR 通过消费者企业认同与感知质量间接影响消费者伦理行为

本书证实了 PCSR 通过消费者企业认同和感知质量对消费者伦理行为具有显著的间接影响。其标准化路径系数分别为 0.190（P＜0.001）和 0.139（P＜0.05），假设 4 与假设 7 均得到数据结果的支持，结果如表 5.16 所示。

假设 4 "消费者企业认同在平台型企业社会责任和消费者伦理行为之间发挥中介作用"得到验证，与谢骞的研究结果相互印证，他认为"消费者对企业的认同感在 PCSR 与消费者购买意愿之间发挥中介作用，并且正向影响消费者的产品或服务的购买行为"[①]；假设 7 "感知质量在平台型企业社会责任与消费者伦理行为中间起中介作用"得到验证，与张广玲等的研究结论相互印证，他们认为积极向上的 CSR 行为正向影响感知质量，并且会负向影响感知风险，较高的感知质量与较低的感知风险正向影响消费者购买意愿[②]。

本书的消费者企业认同与感知质量在 PCSR 与消费者伦理行为中起部分中介作用，即平台型企业社会责任行为对消费者伦理行为的影响，一部分是直接影响，另一部分是通过消费者企业认同与感知质量传导的。

6.1.5 PCSR 对消费者企业认同的影响受到亲社会动机的调节

本书证实了亲社会动机在 PCSR 与消费者企业认同之间发挥调节作用（β=0.109，P＜0.01），假设 8 得到数据结果的支持，结果如表 5.17 所示。

PCSR 正向影响着消费者企业认同，同时，亲社会动机会增强 PCSR 对消费者企业认同的影响，随着亲社会动机水平的提高，PCSR 对消费者企业认同的影响更大。这一结论为学者们的相关研究提供支持，学者们发现如果消费者的亲社会动机水平高，就更能识别出其他人的需求，从而向外界表达出更强的

---

① 谢骞. 平台企业社会责任对消费者购买意愿的影响研究 [D]. 杭州：杭州电子科技大学，2022.
② 张广玲，付祥伟，熊啸. 企业社会责任对消费者购买意愿的影响机制研究 [J]. 武汉大学学报（哲学社会科学版），2010（2）：244-248.

热情与情绪，主动与外界人群建立良好的关系，极易认可平台型企业的价值，从而对平台型企业产生更高的认同感[①②]。

6.2 对企业的实务建议

第一，经过定性研究与定量研究可知，PCSR 不仅对消费者企业认同、感知质量与消费者伦理行为产生正向的直接影响，还通过消费者企业认同与感知质量间接影响消费者伦理行为。由此，平台型企业积极承担 PCSR，既能提高消费者企业认同与感知质量（见案例专栏4），又能促进消费者实施伦理行为。因而，本书提出通过履行 PCSR 提升消费者企业认同与感知质量的建议。

第二，本书发现消费者企业认同与感知质量不仅直接影响消费者伦理行为，还在 PCSR 与消费者伦理行为的关系中起中介作用。由此，提升消费者企业认同与感知质量，既能扩大 PCSR 对消费者伦理行为的影响，又能直接促进消费者实施伦理行为（见案例专栏5）。因而，本书提出通过提高消费者企业认同与感知质量扩大 PCSR 对消费者伦理行为的影响力的建议。

第三，本书发现 PCSR 对消费者企业认同的影响会受到亲社会动机的调节，随着亲社会动机水平的提高，PCSR 对消费者企业认同的影响增大（见案例专栏6）。因而，本书认为，企业可通过提高消费者亲社会动机水平，增强 PCSR 对消费者企业认同的影响（见案例专栏7）。

---

① Grant A M, Mayer D M. Good soldiers and good actors: Prosocial and impression management motives as interactive predictors of affiliative citizenship behaviors [J]. Journal of Applied Psychology, 2009, 94(4): 900.

② 朱玥，王永跃. 服务型领导对员工工作结果的影响：亲社会动机的中介效应和互动公平的调节效应 [J]. 心理科学，2014，37（4）：968-972.

6.2.1 通过履行PCSR提升消费者企业认同与感知质量

1. 宣传平台型企业社会责任相关知识

平台型企业通过报纸、杂志、电视等传统媒介和微信、微博、小红书等新媒介，与消费者定期开展充分高效的沟通，向其宣传 CSR 相关知识。该知识主要包括企业履行 CSR 信息、消费者应当知晓的 CSR 知识以及企业履行 CSR 后消费者积极反应的相关信息。这种宣传能够降低消费者的信息识别成本，加深消费者对企业履责的认识和了解，明确企业积极履行社会责任的必要性和重要性，促使消费者更加重视企业履责行为，增强消费者对积极履行社会责任的平台型企业的关注、支持与信任，降低消费者非伦理行为发生的频率，为消费者伦理行为的管理带来正面影响。

2. 履行平台型企业社会责任

研究发现，PCSR 既对消费者伦理行为具有直接影响，也可以通过消费者对企业的认同以及感知质量这两个中介变量对消费者伦理行为施加影响。因而，企业必须强化自身的履责意识，切实主动承担社会责任，通过促使自身与利益相关者的利益最大化，实现共赢。

企业价值观一旦被员工接受与认可，企业经营与管理就会更加稳定与持久。因而，首先，企业可以对员工进行价值观引导，将 PCSR 融入企业的管理理念当中，融入过程中要注意其超越性，即超越时代、超越自我、超越平庸。如通过开展课程学习，帮助企业董事会、高层管理人员形成这一价值观；对工作人员进行培训，进行价值观引导；确定与发布企业价值观、愿景及使命等引导与规范自身行为。其次，将 CSR 意识贯穿企业的生产、经营等流程中，有助于企业在运营过程中进行创新。该措施不仅会为企业创造经济利益，还会为社会带来利益。由于该举措满足消费者对企业履责的隐性需求，引起消费者在价值观上的共鸣，所以企业可以获得消费者的认可。两者之间逐渐搭建起沟通的桥梁，消费者对企业的认同感与感知质量逐步提高，也越发支持企业的经营与发展，自觉维护企业利益，在增强自身实施伦理行为可能性的同时带动其他消费者实施伦理行为。

3. 监督管理平台型企业履行社会责任

平台型企业社会责任异化事件频繁发生，导致其与利益相关者产生冲突与矛盾，平台型企业具有网络外部性的特点使得这些问题快速发酵，导致消费者对企业认同感与感知质量下降，实施非伦理行为的倾向增强。为弱化消费者实施非伦理行为的倾向，企业可以采取以下几种措施。首先，企业须升级技术，技术控制是基于技术手段与技术标准，对平台上双边用户以及平台企业自身的非伦理行为进行监督管理与控制。其次，制定和执行有针对性的规章制度进行约束。再次，成立专门的职能部门对异化行为进行监督。最后，对 PCSR 异化问题进行跨组织治理，平台型企业积极与政府有关部门达成合作协议，发挥各自的优势，共同对平台双边用户与企业自身的非伦理及违法犯罪行为进行治理；联合行业协会、同行企事业单位等进行同行合作式跨组织治理；联合各种类型的利益相关者组织开展混合式跨组织治理。平台型企业重视社会责任治理会使企业战略绩效有明显提升，会使顾客绩效有较大提升，促进消费者对平台的信任与认同，激发消费者实施伦理行为。

6.2.2　通过提高消费者企业认同与感知质量扩大 PCSR 对消费者伦理行为的影响

1. 注重对消费者的数据与隐私的保护

大数据时代背景下，消费者在平台上的一举一动都被该平台记录在案。因而，平台型企业需要高度重视对客户的数据与隐私的保护。首先，平台型企业应创新技术，建立安全系数高的数据管理系统，增强对用户安全的保障；其次，设置第三方监督管理机制，保证顾客数据安全流程管理的透明性；最后，平台型企业需要与平台商家签订保护消费者权益的协议，如电子商务平台型企业要确保商家保障消费者购物前、中、后个人信息的安全。对消费者数据与隐私进行保护可以促使消费者对该企业产生好感，进而增强其对该企业的认同。

2. 提高平台型企业的产品质量与服务质量

为了提高消费者对平台型企业的感知质量，平台型企业须采取措施提高本企业的产品与服务质量。首先，企业可以通过完善规则与创新技术，提高产品质量和安全系数，建立符合平台特点的数字化质量管理机制，并采取多种措施予以保障和治理；其次，通过技术和物流创新，提供即时配送、次日自提等服务，注重产品运输保护，提供高效的物流履约服务，为消费者带来"近场消费"的体验；再次，建立完善的售后服务系统，迅速处理顾客抱怨与投诉；最后，与国家职能部门建立合作关系，方便客户维权，通过热线电话与机器人自助服务等途径，方便消费者及时、快速退款退货。当平台型企业的产品、服务质量提高时，消费者对企业的感知质量也随之提高。

6.2.3 通过增强亲社会动机扩大 PCSR 对消费者企业认同的影响

1. 营造伦理消费的社会氛围

塑造品牌形象的社会性可以唤醒消费者的亲社会动机，因此，平台型企业可通过积极承担社会责任，为消费者营造伦理消费的社会氛围，唤醒消费者的亲社会动机。首先，平台型企业推广绿色商品，如节能家电、可回收和可降解的材料及有机食品，对商家（供给绿色产品）入驻平台提供补贴、减免等福利；其次，平台型企业应当充分利用平台优势，通过线上线下渠道，以普及绿色包装和回收利用等方式激励并助力消费伦理行为，并为消费者提供替代品建议；再者，平台型企业应当利用自身平台影响力积极向企业内部、社会推广伦理消费理念；最后，企业可通过创新技术，为消费者实施伦理行为营造氛围并提供技术支撑，增强消费者亲社会动机。

2. 建立对消费者伦理行为的奖励机制

消费者实施伦理行为不仅有利于消费者获得来自社会、他人和自我的奖励，还可以避免来自社会、他人和自我的惩罚。此外，伦理行为能够激励消费者形成积极的社会价值观，增强其亲社会动机，有利于其身心健康发展，最终导致消费者对伦理产品和服务的强烈需求，正向的激励亦能够促使消费者保持良好的消费行为习惯，避免非伦理行为的产生。因此，平台型企业可建立奖励

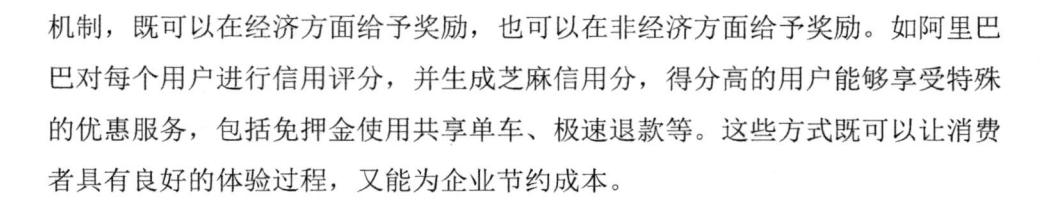

机制，既可以在经济方面给予奖励，也可以在非经济方面给予奖励。如阿里巴巴对每个用户进行信用评分，并生成芝麻信用分，得分高的用户能够享受特殊的优惠服务，包括免押金使用共享单车、极速退款等。这些方式既可以让消费者具有良好的体验过程，又能为企业节约成本。

6.3 研究局限与展望

本书基于 SOR 理论模型、组织认同理论与感知质量理论，构建理论模型；通过问卷调查法完成问卷的设计、发放与回收；通过数据统计分析法，完成本书的实证研究部分。虽然最终得出的研究结论具有一定的现实和理论意义，但仍存在局限性，希望在接下来的研究中可以进一步完善。

1. 理论模型的完整性与科学性有待探究

本书基于文献的阅读与梳理，在前人已有的研究模型的基础上，在 SOR 理论、组织认同理论与感知质量理论的支撑下，构建了 PCSR 与消费者伦理行为之间的研究模型。但由于知识面与实践经验的不足，不能完全保证本书研究模型的完整性与科学性，未来的研究可以对该模型的中介变量或调节变量进行更深入的探究，如新的中介和调节变量的引入，探明调节变量是否调节其他路径，弥补本书中未对 PCSR 和消费者伦理行为这两个变量的各个维度与其他变量关系进行验证的缺陷，提高理论模型的完整性与科学性。

2. 研究数据的普适性与广泛性有待提高

由于受到研究条件的限制，本书所用样本数据的地域分布也不够广泛，且实地调研受环境因素限制，线上问卷调查传播方式具有单一性，导致最终收集到的调查问卷存在地域单一的局限性。因此，在接下来的研究中可以扩大调查问卷分布的地域范围，增大样本量，以提高研究数据的普适性和广泛性。

3. 企业与消费者类型未细分

消费者对不同类型平台型企业存在不同的潜在需求，此外，因为消费者具有异质性偏好，不同的消费者类型可能具有不同程度的 CSR 反应，因此，今后应对企业与消费者类型进行细分。

案例专栏

案例专栏1

平台型企业社会责任显著影响消费者伦理行为
——以鸿星尔克为例

一、企业简介

鸿星尔克实业有限公司（以下简称"鸿星尔克"）成立于2000年6月，公司总部坐落于福建省泉州市，目前已经发展成为集研发、生产、运输、销售为一体的大型运动品牌企业。"鸿星"谐音"红星"，用"鸿"代替"红"是想表达"鸿鹄高飞，一举千里"之意；"尔克"则指克服困难，不断挑战、不断创新的拼搏精神。自公司成立以来，鸿星尔克始终坚持"脚踏实地、演绎非凡"的经营理念，它所倡导的坚韧、拼搏的奋斗精神鼓舞和激励着ERKE人以及广大用户对成功的渴望和追求。打造"科技新国货"，助力国货崛起，是鸿星尔克在多年发展中探索出的一条具有自身特色的道路，也是未来坚定不移的战略方向。

经过20多年的发展，鸿星尔克现已成为国内驰名的综合性体育用品品牌公司，现拥有1个运营中心、8个生产基地、30多个分支机构，在职员工两万余名。包括特许零售门店，鸿星尔克直接创造就业岗位近8万个。鸿星尔克倡导年轻、时尚、阳光的生活方式，聚焦于体育用品市场。产品覆盖服装、鞋及配件，并于 2019 年推出儿童体育用品系列。鸿星尔克拥有广泛的营销网络，覆盖 32 个省、市、自治区，包括一、二、三、四线城市，在国内外拥有店铺 6500 余家。在海外，产品行销欧洲、东南亚、中东、南北美洲、非洲等地区，在全球 100 多个国家拥有商标专有权，目前其品牌价值突破 219 亿元，并相继斩获"中国 500 最具价值品牌""福布斯亚洲 200 佳"等殊荣。

二、企业发展历程

2000 年 6 月 8 日，鸿星尔克于福建省泉州市成立。

2001 年，香港知名艺人陈小春成为鸿星尔克品牌首位形象代言人，公司初步具有市场知名度。

2003 年，鸿星尔克通过 ISO9001（2000 版）国际质量认证体系，即鸿星尔克在企业管理、实际工作、供应商与经销商的关系、产品、市场、售后服务等方面建立了一套完整的质量管理体系。

2004 年，鸿星尔克荣获"国家免检产品"称号，技术研发中心荣获"福建省省级企业技术中心"荣誉称号，提出"科技领跑"的发展战略，力求成为综合性服饰品牌。

2005 年，鸿星尔克成功在新加坡上市，并成为中国鞋业品牌第一家在海外上市的企业；当年斩获"中国行业十大影响力品牌"荣誉称号。

2007 年，鸿星尔克年销售额达 20 亿元，专卖店扩大到 7000 多家，旗下产品远销欧洲、东南亚、中东等地区。

2008 年，入选"福布斯亚洲 200 佳"，并首次进入"亚洲品牌 500 强"行列；同年，成为国内第一家获 CNAS 国家级认证的鞋服检测机构。

2009 年，鸿星尔克成为业界首家获得国家级环保认证的企业。

2010 年，鸿星尔克与 SAP 和 IBM 强强合作，启动 E68 工程项目，搭建企业信息化平台。

2011 年，获评"中国最具社会责任感企业""全国模范劳动关系和谐企业"；品牌价值突破百亿，入选"中国 500 最具价值品牌"，并通过福建省高新技术企业认证。

2012年，首创服装新品类"微领T"，开创领子新时代。

2013年，荣获中国海关总署授予的"A类企业管理资质"称号，入选福建省知识产权优势企业。

2016年，荣获"中国出口质量安全示范企业"称号。面对新时代，鸿星尔克对公司愿景进行重塑，提出新阶段的愿景：打造全球领先的运动品牌！作为企业文化的重要组成部分，全新的愿景将支撑集团战略的推进，支持集团的品牌建设。

2017年，品牌价值突破219亿元，再次入选"中国500最具价值品牌"。

2021年，获得"诚信之星"荣誉称号。在2021年粤港澳大湾区民营企业科技创新峰会暨民营企业科技成果对接会上，鸿星尔克入选"2021民营企业发明专利500家"榜单。

三、鸿星尔克驰援郑州

2021年7月，郑州出现罕见持续强降水天气，全市范围内普降大暴雨、特大暴雨，累积平均降水量449毫米，最大降雨量高达840毫米。除郑州外，河南新乡、开封、周口、焦作等地区同样遭受持续性强降雨。连续多日的强降水天气导致城市内涝严重，公路、铁路和民航等均受到不同程度的影响，交通网络大面积受阻。此外，多地出现通信网络中断、停水停电等现象，数十座水库超出汛限水位，成千上万群众的生命财产安全受到威胁。市区河道水位高涨、被水冲走的小汽车、被迅速灌水的地铁口等画面被上传到社交网络，引发全国人民的关注。

2021年7月21日下午，对于河南暴雨灾害事件，鸿星尔克官方微博宣布，通过郑州慈善总会、壹基金紧急捐赠5000万元物资以驰援河南灾区。这本来是一条简单的企业向灾区捐钱捐物的新闻，在发布时并未引起太大波澜。直到2021年7月22日，有熟悉股市的网友发帖表明，鸿星尔克去年利润负2.2亿元，捐出这5000万可能就是最后的家底，这种"倾小家为大家""大爱"精神感染了网友。

随着越来越多的网友评论和转发相关微博，鸿星尔克迅速登上了微博热搜榜的第一位，大家纷纷表示"一定要支持这种良心企业"。就在22日当晚，鸿星尔克的淘宝直播间涌进了大量网友，200多万人参与扫货，上架一款产品便抢空一款产品，直播间一时异常火爆，网友们纷纷留言表示支持国货品牌。如此异常的局面使公司董事长吴荣照半夜赶到直播间劝大家理性消费，并针对公司破产流言辟谣。然而，鸿星尔克线上店疯狂抢购商品的势头不减。

据统计，7月23日—24日，鸿星尔克品牌官方旗舰店的淘宝直播间销售额突破1.07亿，总销量64.5万件，直播间观看人次近3000万，直播间粉丝数达到1209万人。除了淘宝直播间，鸿星尔克的销售额在抖音直播间同样创下破亿纪录。

7月25日，鸿星尔克董事长吴荣照发微博称："鸿星尔克面临转型，依然非常艰难，但是没有像许多网友所调侃的'濒临破产'。"

鸿星尔克因捐助河南灾区的真诚义举，一度跃升为大众心中的国民品牌、人气品牌，广大网友用自己的暖心言论和实际行为表达了大力支持，不仅直播间和线下实体店都卖断货，还涌现出了很多既感人又好玩儿的段子和"网梗"，连续多日热度不减，成为受人瞩目的现象级事件。

2022年11月27日，"2022中国式现代化视野下的企业社会责任高峰论坛"在海南博鳌举办，为表彰积极履行社会责任的企业，论坛发布了"2022社会责任年度传播案例"，被称为"国货之光"的鸿星尔克，就是其中的优秀代表。一直以来默默无闻的鸿星尔克，曾被贴上"无创新""价位低"等各种标签，而现在因为一场公益活动，成为2021年国人最爱时尚品牌之一。

四、平台型企业社会责任显著影响消费者伦理行为

随着本土运动品牌竞争加剧，鸿星尔克的市场份额呈现持续下降趋势，再加上公司在经营上存在问题，因此其从2010年开始走下坡路。在公司连年亏损的情况下，面对河南暴雨灾情，鸿星尔克毅然决然地捐赠5000万元给灾区，因此被广大网友贴上"破产式捐款"的标签，也博得了大众的好感。不少网友出于善意，疯狂涌入鸿星尔克直播间购买产品，以"挽救"良心企业。

从鸿星尔克援驰郑州事件可以看出，积极承担社会责任的企业能够获得

广大消费者的认同和支持。鸿星尔克的捐款以及网友"野性消费"热点事件，给广大消费者留下了深刻且正向的印象，为在消费者心中形成良好的品牌形象打下了坚实的基础。"鸿星尔克现象"是企业通过社会责任行为生产了"意义"，满足了公众对"意义"的需求，提升了品牌共情力，赢得了大众的价值认同与情感忠诚。

  社会援助带给企业的不仅仅是活动中的公益价值，还会对企业战略产生重大影响，其后续的业务发展以及资源配置中会体现出这种公益价值，促使企业在实现可持续发展的同时，成为推动社会进步的重要力量。在鸿星尔克的官网上，写着这样一句话："一个企业不应该只是关心自己企业的利益，还应该有强烈的社会责任感，回馈社会，帮助弱势群体。在鸿星尔克看来，企业是社会不可或缺的一部分，从社会中获取资源，就应该回报社会、负有一定的社会责任。"作为社会的一分子，承担起社会责任是每一个企业发展的底线。在不断创造经济价值的同时，企业还需要看到社会和国家的需要，奉献出自己的一份力量，与社会共同成长。鸿星尔克切实践行对社会的承诺，有效提升了广大消费者对其的认同感与支持力度。

案例专栏 2

平台型企业社会责任能够显著影响消费者企业认同与感知质量
——以苏宁易购为例

一、企业简介

苏宁易购集团股份有限公司（以下简称"苏宁易购"），前身是于 1990 年 12 月 26 日在南京成立的苏宁电器。在企业最初创立时，苏宁易购主营空调批发业务，直到 1999 年开始二次创业，标志着其从"空调时代"迈向"电器时代"。2004 年，苏宁易购于深圳证券交易所 A 股挂牌上市，面向社会首次正式公开发行 2500 万股股票，成为家电销售行业的 IPO 第一股。2013 年更名为"苏宁云商"，开始 O2O 转型之路。2017 年，推出苏宁云服务以赋能零售产业链，2018 年更名为"苏宁易购"，标志着智慧零售模式正式开启。

苏宁易购执行零售服务商战略，聚焦于以专供产品为核心优势的供应链能力、以本地化零售为核心优势的运营服务能力，为用户提供场景、产品和服务体验，为供应商提供更有价值的品牌推广和更低成本的渠道销售服务；通过供应链和零售运营能力，深化开放合作和零售赋能，开展全渠道经营，提升用户获取效率；通过数字化水平的不断提升，持续推进降本增效，持续提升盈利能力，全面推动苏宁易购进入长期可持续发展的新征程。目前已形成了线下实体店、线上苏宁易购 APP、苏宁易购天猫旗舰店等相结合的线上线下融合的零售渠道，通过开放供应云、用户云、物流云、营销云，实现从线上到线下，从购物中心到社区全覆盖，为消费者提供家庭场景解决方案，满足消费者的生活所需。旗下苏宁物流拥有覆盖全国的基础设施及信息技术实力，建立起涉及供应链、仓储、配送、售后的综合服务网络，以仓、运、配定制化解决方案，为合作伙伴提供高效率、高品质的全场景物流基础设施服务。在消费互联网与产业互联网融合的时代，苏宁易购持续夯实供应链、场景体验和物流售后服务等零售基础能力，以更加开放的方式重新构建零售服务商的组织、技术和运营，为用户和合作伙伴提供更优质便捷的服务。

二、企业发展历程

1990年12月，苏宁易购诞生于江苏省南京市宁海路60号，专营一家面积200平方米的空调店。

1991年，苏宁易购组建售后服务中心，树立专业自营的售后服务品牌。

1994年，苏宁易购立足空调专营，自建专业售后服务队伍，树立了"服务为本"的苏宁品牌，销售持续增长，成为中国最大的空调销售企业。

1995年，苏宁易购成立专营批发部，除零售和工程外，建立了覆盖全国的批发网络。

1996年3月，苏宁易购走出南京，在扬州开设第一家外埠公司，揭开了连锁发展的序幕。

1997年2月，苏宁易购投资3000万元在南京自建第一代物流配送中心和10个售后服务网点，初步形成了"前后台协同发展，后台优先"的经营管理模式。

1998年，苏宁易购把握行业发展趋势，进行二次创业，向综合电器连锁经营转型。

1999年，南京新街口旗舰店成功开业，标志着苏宁易购从空调专营转型到综合电器全国连锁经营。

2000年，苏宁易购实施二次创业战略，全面推进全国电器经营业务连锁发展。

2001年，苏宁易购进行内部组织再造，建立了以"专业化分工、标准化作业"为基础的矩阵式管理架构和第一代电器连锁专业ERP信息系统。

2002年，苏宁易购连锁网络从南京走向浙江、北京、上海、天津、重庆等地，初步建立了全国连锁发展的战略布局。

2003年3月，苏宁易购南京山西路3C旗舰店开业，成为亚洲规模最大、品种最全的单体专业电器综合购物广场。苏宁易购连锁经营由此全面进入3C时代。

2004年7月,苏宁易购在深圳证券交易所上市。凭借优良的业绩,苏宁易购得到了投资市场的高度认可。苏宁易购被《巴菲特杂志》、世界企业竞争力实验室、《世界经济学人周刊》联合评为2010年(第七届)"中国上市公司100强",排名第61位。

2005年3月,苏宁易购启动"5315服务工程",建立全国一体化的物流配送体系、售后服务体系、客户服务体系,全方位提升苏宁易购为消费者提供服务的能力。

2006年4月,苏宁易购以第五代3C+旗舰店为主导,建立了"租、建、购、并"四位一体的开发方式,形成了以"内生增长,后台优先"为核心的发展模式,并实施了中国零售业信息化1号工程——SAP/ERP系统上线,建立了集团化、全球化的经营管理平台。

2008年3月,苏宁易购第三代物流基地——南京雨花物流基地全面交付使用,苏宁物流迈入作业机械化、管理信息化、网络集成化、人才知识化的新时代;5月,秉承奥运精神,苏宁易购全国36名员工在各地参加火炬传递;6月,苏宁易购成立大开发体系,"租、建、购、并"四位一体,立体推进连锁开发。

2009年,苏宁易购先后入主日本LAOX电器和香港镭射,开启国际化连锁拓展。在福布斯公布全球2000大企业排名中,苏宁易购排名第1055位,成为排名最靠前的中国零售企业,也是排名第一的中国民营企业。

2010年1月,苏宁易购依托大开发、营销变革、服务变革、管理提升、人才梯队建设,构建面向未来发展的新平台;2月,苏宁易购正式上线,打造国内第一的电子商务网购平台。

2011年6月,世界品牌实验室发布2011年(第八届)"中国500最具价值品牌"榜单,苏宁电器品牌价值升至728.16亿元,蝉联中国商业零售企业第一。12月,苏宁易购旗下中国首家乐购仕生活广场(LAOX LIFE)在南京正式开业,标志着苏宁易购在国内的"双品牌战略"正式落地。随后,乐购仕生活广场全面入驻北京、上海、广州、深圳等城市,并计划全力开拓中国市场,实现5年内在25个主要城市开设150家的中期目标。

2012年4月,苏宁易购首个自动化仓库正式上线运行;5月,苏宁易购以1947亿元的销售规模第三年荣登中国零售业榜首,再度领跑中国零售业;6月,世界品牌实验室在京发布了2012年(第九届)"中国500最具价值品牌"榜单,苏宁易购品牌价值升至815.68亿元,连续六年为中国商业零售企业第一,持续领跑行业;9月,苏宁易购拟出资6600万美元或等值人民币收购红孩子公司,承接红孩子及缤购两大品牌和公司的资产、业务,全面升级苏宁易购母婴、化妆品的运营。

2013年2月,苏宁易购公告称,未来中国的零售模式将是"店商＋电商＋零售服务商",即云商模式,公司拟将中文名称变更为"苏宁云商集团股份有限公司",标志着行业革命性的云商模式全面落地,开启了跨越式发展的新征程;6月,苏宁易购全国所有苏宁易购门店、乐购仕门店销售的所有商品将与苏宁易购实现同品同价,这是全国首例大型零售商全面推行线上线下同价,是苏宁易购多渠道融合的重要一步,标志着苏宁易购O2O模式的全面运行。

2014年1月,苏宁易购官方对外宣布100%收购国内知名团购网站满座网,并将其整合为本地生活事业部,加速本地生活服务领域的发展,推动线上线下融合的O2O战略进一步推进;8月,苏宁易购客服体系成功通过了4PS国际标准认证,正式全面接轨4PS国际标准体系,成为国内首家获得该标准认证的互联网零售企业和虚拟运营商企业。

2015年2月,苏宁云创私募REITs在深圳证券交易所正式挂牌上市;5月,苏宁消费金融公司正式开业运营,第一款代表性产品"任性付"也首次与外界见面;6月,世界品牌实验室在京发布了2015年"中国500最具价值品牌"排行榜,苏宁易购以1167.81亿元的品牌价值位居排行榜第13位,成为最具价值的互联网零售品牌;9月,苏宁易购与万达达成战略合作协议,苏宁易购云店等品牌将进入已开业或即将开业的万达广场经营,双方确定的首批合作项目为40个。

2017年1月，苏宁云商发布公告，称全资子公司江苏苏宁物流以29.75亿元现金（含股权转让税）收购天天快递70%的股份。

2018年1月，苏宁云商发布公告，计划出资95亿元或者等值港币，购买万达商业股东持有的约3.91%的股份；2月，苏宁易购决定将公司名称由"苏宁云商集团股份有限公司"变更为"苏宁易购集团股份有限公司"；10月，苏宁易购旗下的众包即时配送平台"苏宁秒达"上线。

2019年2月，苏宁易购正式收购万达百货有限公司下属全部37家百货门店；9月，苏宁易购以48亿元收购家乐福中国80%的股份。

三、平台型企业社会责任的履行

1. 社会公益责任的履行

（1）完善苏宁易购公益项目建设

苏宁易购不断丰富苏宁易购公益项目，在苏宁易购APP内开设公益频道，协同入驻商户与消费者投身公益活动，积极带动消费者参与教育助学、扶贫救济、医疗救助、自然保护的公益活动。此外，苏宁易购推出"苏宁益品"，推动入驻商家与消费者共同参与公益捐赠活动。消费者每次购买"苏宁益品"时，商家将部分收益作为捐赠善款直接投入苏宁易购公益账户，助力公益活动的开展。

（2）关爱社会群体

苏宁易购持续加强对社会群体的日常关爱以及对老龄人群的关心与帮助，保障社区的和谐运行，促进社区的可持续发展。苏宁易购以"寸草心爱同行——暖阳行动"为主题开展社区服务活动，为社区老年人提供衣物护理、家电检测、甲醛检测、热饮等服务。同时，苏宁易购走进高龄、独居、困难老人的家中，为他们送上暖冬礼包、免费家电清洗等暖心服务，保障老人温暖过冬。除此以外，苏宁易购还在全国多家门店设立"暖冬驿站"，为来往的外卖配送员、快递员、环卫工人等户外工作者提供暖心服务。

2. 社会经济责任的履行

（1）促进产业恢复振兴

2023年家电行业，国家出台各种政策拉动消费。作为国内家电、家装主要阵地，苏宁易购在各地均是家电消费激励的重要参与方。苏宁易购持续深化品牌优质供给，联合各地方政府加码消费补贴为振兴消费市场起到推动作用。江苏省商务厅将以2亿元财政补贴推动江苏绿色节能家电消费，激发市场活力，苏宁易购中标2023年"苏新消费"政府补贴指定家电销售企业。

（2）帮助中小企业转型

对于中小家电企业来说，抓住细分市场、圈层市场，为用户提供更多选择机会，提高经营质量才是出路。借力苏宁易购，一些中小家电企业找到了差异化的市场空间，不仅提升中小企业自身经营效率，也有助于行业整体商品流通效率提升。苏宁易购在2023家电商家共创会上，正式发布"云帆计划"，助力商家减负增收，将减少入驻商家的成本支出，即降低成本和费用，提升流量和效率，也将进一步提升商家流量和经营效率。

3. 维护消费者正当权益责任的履行

（1）维护数据信息健康与安全

为更好地保障消费者权益，苏宁易购积极维护信息安全，在对供应商和商家进行严格管控的基础上，通过建立标示体系、运用区块链技术、推进IPv6规模部署等方式，实现网络技术创新，确保数据信息及产品的健康与安全。

① 加强信息安全合规管理。在数据安全方面，苏宁易购全方位统计重要数据、核心数据并上报工信部重要数据识别备案管理系统，积极在内部进行数据安全风险评估、数据泄露模拟应急演练，针对勒索攻击制定专项应对方案并进行风险排查。在内容管控方面，苏宁易购积极配合网信办等国家监管部门，互联网平台及时排查下架违规商品，屏蔽违规店铺。在个人信息保护方面，苏宁易购从用户角度出发考虑问题，对苏宁易购APP等核心APP上推送的相关功能进行严格管理；对购物场景和非购物场景、直播场景等分场景进行了权限的归集和开通的提示，将用户的负担降到最低；在O2O场景

提示用户是否需要打开O2O场景，在非必要O2O场景不索取用户的地址位置；加强APP整体告知的补充，包含隐私的修改、相关条款的优化。在安全宣传和培训方面，苏宁易购在国家网络安全宣传周期间，开展了一系列宣传活动，同时聘请内外部安全专家，针对内部全员或特定人群开展普及性或定向性的安全培训工作，有效提升员工网络安全意识。

②加强消费者信息保护。客户信息安全保护是苏宁易购重要的责任和义务，也是苏宁易购对客户的承诺。苏宁易购持续对APP、小程序、SDK、权限使用、信息收集与第三方数据共享进行专项自查与监督工作。同时，苏宁易购APP上建立了"已收集个人信息清单""第三方共享个人信息清单"及权限弹窗、简版隐私政策等机制，使消费者充分感知苏宁易购对用户个人信息保护的高标准与严要求。

③实现产品信息实时溯源。苏宁易购建立健全苏宁标识体系二级节点标准，完善互联网平台基础设施建设，并做到严格监管，实现所有数据可追溯、可确认、可追责。苏宁易购通过区块链技术打造信用环境，实现商户、物流、平台、消费者之间的信息互通以及商品信息的实时溯源和不可篡改，并执行智能合约，降低多方合作成本，提升操作效率。

（2）保障产品质量

苏宁易购严格遵守《中华人民共和国产品质量法》《中华人民共和国电子商务法》《网络交易监督管理办法》等法律法规要求，落实各项主体责任，从源头确保产品资质合规，把控产品质量，严格要求合作供应商、第三方商家拥有完整的授权商标、授权链路，确保所有商标、授权均合乎法律规定；要求上架商品必须拥有相应的行业准入标准，如强制性认证产品须提供并校验3C认证证书等，严禁销售质量不合格产品，严禁销售伪造或者冒用认证标志等质量标志产品。此外，苏宁易购建立产品内外检查机制，提供商品正品保障，制定自有标准体系，提供更加安全、健康、高品质的产品及服务。

（3）积极应对处理投诉和问题

苏宁易购积极应对消费者各项反馈，制定苏宁易购服务管理体系，建立健全一站式客服解决方案，通过热线、在线、智能工作台，围绕客户问题提供售前、售中、售后全流程解决方案，树立苏宁易购品牌责任，传递苏宁易购品牌价值。

①建设客服管理体系。苏宁易购建立了完备的客户服务体系，除了在线客服、电话客服，还在全国各大区配备了大区客服，形成覆盖全国的终端售后服务保障网络，为客户提供更加便捷的高质量服务。此外，苏宁易购为提升客户服务水平，搭建了苏宁易购客服课堂智慧学习平台，并构建多渠道、智慧型客服体系，不断完善运营渠道，实现互动、智能、开放的交互服务。为提升创新体验，苏宁易购推出 AI 智能机器人聊天、秒级响应等服务，承接运营超过 10 项独立业务委托，涵盖多种业务类型，始终坚持以解决客户需求为导向，持续优化处理标准，有效利用服务资源缩短服务时效，提升整体服务水平。

②打造一站式客服解决方案。苏宁易购依托自身资源整合优势，利用智能技术全面建立智能化客户平台，同时基于大数据、移动互联网和人工智能技术，提升客服的效率及效能，为客户创造最佳服务体验。

（4）完善售后机制

苏宁易购始终将为消费者提供卓越的服务体验作为发展第一要素，让消费者买得放心，用得安心。苏宁易购建立并不断完善商品售后机制，打造"省心购"的服务体系，2023 年持续迭代，深度挖掘用户需求，实现全链路无忧服务。

4. 保护自然环境与资源责任的履行

（1）积极应对气候变化

根据 TCFD（气候相关财务信息披露工作组）的指引及建议，苏宁易购主动识别与评估气候风险，考虑环境因素所带来的影响，逐步制定有效的战略方针。

（2）构建绿色经营模式

苏宁易购始终坚持构建可持续发展的经营模式，推动绿色采购，打造绿色物流，实现绿色运营，实现从采购端到消费端的全流程减排。

1）推动绿色采购

苏宁易购积极践行并推动绿色采购的发展，择优选用绿色产品化的供应商，逐渐增加绿色产品的采购比例。公司在家电类商品引进环节强制要求供应商上传产品能效认证证明等相关信息，针对能效标准存疑的老电器及其供应商，定期进行循环整理，根据实际情况减少或取消相应产品的采购。

2）打造绿色物流

苏宁易购早在2016年就已经看到了绿色物流的发展机遇，并认定绿色环保是物流市场今后发展的必然趋势，所以开启了绿色行动计划，一直致力于绿色物流"全链路"建设工作，旨在促进电商物流包装的循环利用以及绿色可持续发展，在"聚焦生态文明、聚力绿色发展"的战略目标下，整合之前各类绿色物流发展举措，在仓储、运输、末端配送与包装等环节全面推进绿色物流实践。此外，苏宁易购在北京、上海、广州城市率先启动"共享快递盒"计划，提升了快递行业的包装的再循环效率。相较于普通快递纸箱，共享快递盒成本低，效率高，且不使用任何胶，快递员在"最后一公里"配送实现回收再利用，达到了更好的环保效果。

①绿色仓储。苏宁易购合理选址并科学规划仓库建设，积极推进多元化仓储科学布局和智慧科技应用，有效提高资源能源的利用效率，并严格控制综合楼、仓库、办公区和室外用电，各地物流园区、办公场所与生活场所按需开启电力设备，通过关闭不必要的照明、电器，以及合理优化工位等方式，实现全年减碳目标。虽然苏宁易购仓库服务覆盖面积小，但是其在仓储绿色化方面推出了各种智能设备来提高效率，降低成本、能耗以及碳排量。例如，2020年苏宁易购在南京雨花仓储基地推出了5G物流仓，同时配备AGV小车、机械臂、无人叉车、云仓储等智能设备，实现了物流仓的真正"无人化"。

②绿色运输。在运输环节，苏宁易购推广使用新能源汽车，逐步提高新能源汽车使用比例，在网点推行符合标准的专用车辆，并同步开展充电桩建设工作，持续加大规模化投入力度。此外，苏宁易购持续优化智能化运输路由调度系统，借助于大数据和智能路径优化算法制定相应的集装化运输规范，加快装

卸搬运效率，并通过单元化运输的方式减少单个包裹的装卸搬运次数，节约运输成本，提升物流效率，有效降低碳排放。

③绿色配送。苏宁易购物流通过建设回收体系等方式来实现末端配送环节的绿色化。此外，苏宁易购在"送装一体化服务"基础上打造"套购送装一体服务"，一次满足消费者多样化服务需求，减少如家电安装等二次上门的成本。苏宁物流为家电、家居和家装品牌商户提供覆盖全国的仓配一体化服务，凭借多地丰富的仓网资源，实现多仓联动，有效分仓。

④绿色包装。苏宁易购持续为包裹"减负"，在包装方面坚持减量化、循环化、绿色化发展，在持续推动直发包装、简约包装、循环包装、包装优化升级的同时，推广使用零胶纸箱、可降解包装袋、一联单、瘦身胶带等更多减量化包装，进一步减少包装环节的消耗。

3）实现绿色运营

苏宁易购将低碳发展的理念融入业务运营中的每一个环节，坚持门店与物流基地的绿色运营，倡导员工绿色办公，致力于打造高效且低碳的数据中心，加快低碳技术研究，为可持续发展企业的建设添砖加瓦。

①绿色门店与绿色广场。苏宁易购的自营电器店与自建广场在开发筹建、运营管理、升级改造等各个环节均有完善的环境管理标准。从店面标准设计开始，苏宁易购就充分考虑各项环保举措的可实施性，在节能、节水和可再生资源利用上重点施力。

②绿色办公。苏宁易购坚持绿色办公，在内部管理中倡导无纸化办公并加强电子信息化建设。通过张贴节水标识、全员节水宣传、控制饮水机开启时间和采用雨水回收设备等方式，苏宁易购全面开展节水工作，有效降低办公区、终端用水。此外，苏宁易购通过空调开启温度管控、照明管控等措施，节约用水用电。

③低碳高效数据中心。苏宁易购数据中心为实现低碳高效，采用了各种创新的技术。首先，苏宁易购使用高效的散热和冷却系统，如风冷和水冷系统，有效降低设备的能耗。通过优化空气流动、使用高效的制冷设备和设计绝缘外

壳，数据中心能够提供良好的温度和湿度控制，保证设备的正常运行，并减少能源浪费。其次，苏宁易购广泛使用虚拟化和云技术。通过将多个服务器虚拟化为一个物理设备，降低了设备的数量和能耗，提高了服务器的利用率。虚拟化还可以动态分配和管理资源，根据需求调整处理能力，从而提高能源效率和可扩展性。

案例专栏 3

消费者企业认同与感知质量正向影响消费者伦理行为
——以美团公司为例

一、企业简介

美团是一家科技零售公司，其公司总部位于北京市。在创立初期，美团主要运营方向为在线外卖点餐平台。历经十余年的发展，美团的业务不断扩张，现已成为我国集餐饮、住宿、旅游、电影、出行等多项服务于一体的知名互联网平台企业，也是我国最大在线外卖平台和综合服务平台之一。秉持"让每个人都能更好地吃饭，过上更好的日子"的企业宗旨，美团不断推进供需两端两个层面上的数字转型，持续推动服务零售和商品零售在需求侧和供给侧的数字化升级，并且与众多的合作企业共同致力于为用户带来高质量的生活体验。2018年9月，美团于香港证券交易所挂牌上市。

二、企业发展历程

1. 团购起家阶段（2010—2011年）

2010年3月，美团公司正式成立，美团APP先后在上海、武汉、西安、广州、无锡、南京、石家庄等城市上线；8月，获得红杉资本1200万美元A轮投资。

2011年7月，美团获得阿里巴巴和红杉资本5000万美元的B轮融资；12月，荣获"年度最佳团购网站"称号，入选"十大网络购物品牌"。

2. 领域拓展与O2O模式探索阶段（2012—2014年）

2012年，美团推出电影票线上预订服务。

2013年，美团推出酒店预订及餐饮外卖服务，开始进军在线外卖市场。

2014年，美团推出旅游门票预订服务；5月，获得3亿美元的C轮融资，领投机构为泛大西洋资本，红杉资本及阿里巴巴跟投，C轮融资的总估值在30亿美元左右。

3. 战略合并与多模块业务运作阶段（2015—2017年）

2015年1月，美团完成D轮总额7亿美元的融资，估值达到70亿美元左右；7月，收购酷讯，加快布局酒店旅游、完善产业链的脚步；10月，美团与大众点评宣布合并，形成了中国最大的本地生活服务平台。

2016年1月，美团完成首次融资，融资额超33亿美元，融资后新公司估值超过180亿美元；7月，获得华润旗下华润创业联和基金战略投资，双方建立全面战略合作；9月，收购钱袋宝，正式获得第三方支付牌照。

2017年1月，美团双平台同时推出海外酒店服务；2月，在南京推出"美团打车"；9月，美团旅行APP上线。

4. 零售生态构建阶段（2018—2020年）

2018年4月，美团旅行与银联国际达成深度合作，将在技术、大数据与购物体验方面加深探索，让旅行购物更加优惠、便捷；5月，全资收购屏芯科技；9月，美团在香港证券交易所正式挂牌上市，提出"Food+Platform"战略并构建本地生活服务生态。

2019年5月，美团正式推出新品牌"美团配送"，并宣布开放配送平台。

2020年7月，新增优选事业部进一步探索社区生鲜零售业态；12月，"摩拜单车"更名为"美团单车"。

5. "零售＋科技"战略转型阶段（2021年至今）

2021年7月，美团宣布腾讯认购事项已完成，所得约4亿美元将用于技术创新；12月，在深圳·星河WORLD开设国内首条产业园内的无人机配送常态化试运营航线，并逐步在园区内建立起"3公里15分钟达"的低空智慧物流网络，打造国内首个无人机配送全覆盖的智慧产业园区。

2022年7月，美团上榜2022年《财富》中国500强排行榜，位列第68位；10月，苏宁易购宣布与美团达成战略合作，成为正式入驻美团平台的首家家电 3C 品类大型连锁品牌。

2023 年 3 月，美团打车在内部宣布放弃自营打车业务，全面转向聚合模式；5 月，旗下全新外卖品牌 KeeTa 正式于香港推出。

2024 年 2 月，美团对核心本地商业相关多项业务进行整合，深化由服务电商向零售电商进发的目标，提升同城零售领域业务协助能力，强化自身竞争壁垒，并进一步提升科技与国际化相关业务的优先级。

三、平台型企业社会责任的履行

1. 保护自然资源与环境责任的履行

美团一直关注行业环保问题，积极联合各方深入推动行业绿色低碳发展，助力人们养成绿色生活方式。自 2017 年起，美团推出"青山计划"助推行业绿色转型，并围绕绿色包装、低碳生态、青山科技、青山公益四大板块，推动外卖行业可持续发展。《美团"青山计划"五周年进展报告》数据显示，2017 年美团推出"青山计划"以来，已有超过 2 亿用户使用"不需餐具"功能，有超过 80 万商家加入了美团外卖的青山公益行动，可持续消费理念更加深入人心。

（1）创新绿色包装

美团为商家提供丰富的创新环保包装方案，与中国包装联合会等行业机构联合发起"餐饮外卖绿色包装应用工作组"，根据不同菜品特点和包装需求将所有菜品分成 16 个大类，计划在 2025 年前分三个阶段推出绿色包装解决方案。同时，美团积极参与外卖行业绿色包装标准化建设，探索多场景下的塑料餐盒回收模式。

（2）构建绿色生态

美团持续通过确立经营规范、凸显环保规则、优化奖励机制等举措，将环保要求融入商户日常经营中；发布《餐饮商家低碳行动指引研究报告》，深入分析餐饮商家碳排放状况，梳理商家节能减碳优秀实践案例，为餐饮商家低碳行动提供三阶段行动指引。此外，美团外卖将每月最后一天定为"美团外卖环保日"，联动公益组织、行业协会、商家等，倡导不使用一次性餐具、垃圾分类、减少食物浪费、保护野生动物等多项环保活动。

（3）助力低碳科技

2022年，美团发布首届"青山科技奖"获奖者名单，重点关注绿色低碳包装材料、碳捕集及资源化利用、低碳运输及储能三大议题，评选出聚焦于化工生产提效减排、储能电池、低碳材料等研究方向的青年科学家，向每位科学家给予100万元奖励，希望鼓励更多青年科学家投身于该领域研究。与此同时，首届"科创中国"美团青山环保科技创新示范项目遴选出9个示范项目，其中包括6个绿色创新包装项目、2个绿色回收再生项目和1个绿色供应链项目，总资助金额1950万元，项目配套产业资金共计1.5亿元。

（4）助力环保公益

美团延续"青山公益自然守护行动"项目，资助的环保公益项目均以基于自然的气候变化解决方案为导向，开展生态保护和修复、保护地可持续社区建设、保护地一线科研支持等工作。

（5）助力节约粮食

美团联合各类机构推动开展"光盘行动"，自2021年起与中国饭店协会联合发起"反对食品浪费，提供小份菜"的倡议，呼吁餐饮商家向消费者提供小份菜，并在中国饭店协会的指导下，发布《2022年小份菜洞察报告》。与此同时，通过对商户进行培训宣导、流量支持、勋章激励等，鼓励更多商家参与节约粮食的行动。

2. 社会经济责任的履行

（1）支持乡村振兴

美团发挥电商平台优势，开展电商带头人培训计划，带动农民增收致富，以实际行动响应国家乡村振兴战略。例如，美团优选在全国多地组织开展农产品上电商系列活动，助力优质农产品拓展销路；美团买菜推出"寻鲜中国"系列活动、"本地尖货"品牌打造计划，让特色农产品通过即时零售平台更快从产地走到消费者手中，助力农产品品质提升和标准化生产。

(2) 帮助商户恢复经营活力

为助力城市市场的消费回暖，美团在全国多省市协助政府发放电子消费券，助力商家吸引客源，使有经营困难的中小微商户真正受益。

(3) 守护品牌权益

美团持续优化"事前防控—过程监控—投诉处理—社会共治"全流程知识产权保护机制。在商家入驻阶段、商品建品环节通过AI技术让系统识别疑似侵权行为，拦截侵权门店或商品入驻；在品牌经营过程中持续利用大数据模型扫描定位线上的疑似侵权信息或风险商品，进行批量排查、推送调查并引导整改。美团知识产权维权平台主动搭建与权利人的线上沟通渠道——品牌保护服务站，保护品牌权利人的知识产权，联合执法机关对涉及严重侵权的商家进行查处。

(4) 支持小商户发展

美团将为中小企业纾困解难视为己任，为商户提供佣金帮扶和定点帮扶等服务，努力帮助经营陷入困境的中小商户渡过难关。为此，美团启动商户专项"繁盛计划"，通过帮扶、沟通、服务、发展等方式，构建餐饮行业数字化生态，推动餐饮外卖行业复苏和高质量发展。

此外，美团持续完善平台营销秩序的治理机制，在费率透明化的机制下，进一步帮助商户了解自身的成本分配，全面提升商家经营水平和满意度。同时，美团推出了"外卖管家服务"，为中小餐饮商户提供经营诊断、店铺装修、餐品设计、活动策划、推广营销、运营优化的"一对一"帮扶，全方位助力商户成长。

3. 社会公益责任的履行

(1) 乡村儿童操场

美团"乡村儿童操场"公益计划由美团联合壹基金等慈善组织发起，旨在为欠发达地区的乡村儿童铺设多功能操场，助力乡村儿童快乐奔跑、健康成长。乡村儿童操场由拼接地板拼接而成，采用特殊的功能区设计，在有限的地面上搭建丰富的游戏空间，满足儿童的玩耍和发展需求。

爱心用户每捐满20元就可为"乡村儿童操场"捐赠一块拼接地板（及相关配套费用）。同时，为实现公益透明，打通公益慈善行业"最后一公里"，美团自主开发了"善款追踪系统"，参与的爱心商家和网友可看见每一笔善款的去向，参与的合作商家可以向用户展示公益标签、公益档案，还可以在后台查看自己的捐赠进展，精准定位自己捐赠的拼接地板的铺设位置。

（2）袋鼠宝贝公益计划

美团联合慈善组织发起国内首个面向全行业外卖骑手子女的公益帮扶计划，主要为行业内骑手的未成年子女提供大病帮扶和教育支持，计划精准帮扶因病致贫的骑手家庭，提供医疗费用支持，减轻经济负担，降低因病致贫的概率，助力家庭韧性提升，共建社会支持网络。

4. 职工权益保护责任的履行

（1）权益保障

美团与商业保险公司合作开发适合骑手的商业保险，并实现对从事配送工作的骑手100%覆盖。与此同时，美团启动骑手直赔项目，实现骑手APP一键自助理赔，提高理赔效率。

（2）守护安全

为保障骑手的人身安全，美团从科技装备创新、配送规则优化、防控消防风险、提升安全意识、探索警企共治多角度综合发力，提高骑手的工作安全系数。

（3）沟通增进职业认同

为了让骑手畅通有效地表达诉求，美团采取了"骑手恳谈会""申诉机制""产品体验官"等多种尝试；开通了骑手权益保障专线10101777，受理骑手对劳动报酬、劳动安全、保险保障、用工合规等方面的疑难问询和投诉，帮助骑手维护合法权益。

（4）守护骑手健康

美团在深圳、杭州、成都、武汉等城市开展"骑手健康体检车"项目，实现"送检上门"；启动女骑手"两癌"筛查项目，为全国女性骑手提供专业、免费"两癌"筛查服务。同时，美团开通骑手心理咨询热线，注重骑手心理健康。

5.促进社会稳定与进步责任的履行

（1）创造就业岗位

随着社区电商等零售业态的发展，乡村居民对生鲜商品的需求暴涨。基于此，美团持续性增设美团优选的自提点。目前，美团优选平台上超过一半的自提点位于乡镇，为各地区创造了多种本地就业岗位，也为从业者提供了就近工作的机会。

此外，新产业、新业态、新模式催生新职业。在美团平台，自动配送车安全员、外卖运营师、葡萄测糖师等新兴职业应运而生，逐渐成为拉动就业的源头活水。

（2）加速产学研融合

美团依托丰富的业务场景、数据资源和真实的产业问题，已与来自国内外超过30所知名高校及科研机构的200多名学者，开展150多个科研合作课题，有多项技术成果在不同业务场景落地应用，加速推动了产学研合作交流与落地。此外，美团积极与高校共同推动科技人才培养，为在校学子还原真实的产业环境和挑战性实践场景，让知识更早在实践中发挥价值。

案例专栏 4

通过履行 PCSR 提升消费者企业认同与感知质量
——以腾讯为例

一、企业简介

深圳市腾讯计算机系统有限公司（以下简称"腾讯"）成立于1998年，由马化腾、张志东、许晨晔、陈一丹和曾李青五位创始人共同创立，总部位于中国深圳。历经20多年的发展，腾讯从最初仅提供单一即时通信业务到今天基于QQ和微信沉淀的用户群发展多元化生态业务，形成了涵盖通信社交、金融、娱乐、资讯、工具、平台等多个领域的庞大商业版图，旗下有多家专门提供互联网服务的子公司，在多个业务领域牢牢占据第一的位置。其多元化的服务具体包括：社交和通信服务（QQ、微信）、数字内容（腾讯游戏、网络文学、腾讯视频、腾讯体育等）、金融科技服务（微信支付、QQ钱包、腾讯区块链等）、工具软件（腾讯手机管家、QQ浏览器、腾讯地图、QQ邮箱等）。自成立以来，腾讯一直秉承科技向善的宗旨，以创新产品和服务提升人们的生活品质，并将社会责任融入产品及服务之中，努力推动科技创新与文化传承，助力各行各业升级，并促进社会的可持续发展。

二、企业发展历程

（一）初创探索阶段（1998—2004年）

1998年11月，深圳市腾讯计算机系统有限公司正式成立。

1999年2月，腾讯推出社交软件QQ；4月，推出移动电邮。

2001年6月，腾讯获得MIH投资，并推出互联网增值服务（IVAS）。

2003年5月，腾讯推出QQ邮箱；8月，推出首款休闲游戏平台QQ游戏。

2004年6月，腾讯控股在香港联合交易所主板上市。

（二）多元扩张阶段（2005—2011 年）

2005 年 3 月，腾讯收购电邮客户端软件开发商 Foxmail；7 月，推出在线音乐平台 QQ 音乐。

2006 年 6 月，腾讯网成为中国第一门户网站。

2009 年 6 月，腾讯游戏成为中国最大的网络游戏平台。

2011 年 1 月，腾讯推出微信，成立腾讯产业共赢基金；3 月，推出腾讯视频；11 月，腾讯控股获得标准普尔 BBB+ 评级和穆迪 Baa1 评级。

（三）转型调整阶段（2012—2017 年）

2012 年，腾讯进行第二次大规模的组织架构调整即"518 变革"，从业务系统制调整为事业群制，聚合移动业务和 PC 业务。

2013 年 8 月，腾讯推出微信支付、微信和 QQ 手机版游戏中心；9 月，正式对外推出云服务。

2014 年 3 月，腾讯投资京东集团；12 月，成立联营公司微众银行。

2015 年 3 月，成立阅文集团。2015 年 9 月，腾讯影业和企鹅影业正式成立；腾讯慈善基金会联合全球知名机构发起全球首个互联网公益日——"99 公益日"，为期三天，在腾讯公益平台上共筹得善款近 1.3 亿元。

2016 年 7 月，成立腾讯音乐娱乐集团；10 月，成立联营公司微民保险。

2017 年 1 月，自主研发全球创新的微信小程序正式上线；11 月，分拆旗下阅文集团在香港联合交易所主板正式上市。

（四）再次创业阶段（2018 年至今）

2018 年 6 月，腾讯移动支付月活跃账户数超过 8 亿；11 月，腾讯基金会投入 10 亿启动奖金创立"科学探索奖"支持基础科学和前沿技术领域的青年科学家；12 月，旗下腾讯音乐娱乐集团在美国纽约证券交易所上市。

2020 年 2—3 月，为抗击疫情，腾讯设立 15 亿元抗疫综合保障基金及 1 亿美元腾讯全球战疫基金；5 月，腾讯根据全球中期票据计划发行本金总额 60 亿美元的票据，包括首次发行的 40 年期票据；9 月，腾讯会议用户数突破 1 亿，服务覆盖达全球 100 多个国家与地区。

2021年1月，腾讯宣布启动碳中和计划，成为中国首批启动碳中和规划的互联网企业之一；4月，腾讯发布新蓝图，"可持续社会价值创新"成为核心战略，首期投入500亿元助力发展；12月，腾讯游戏推出国际发行品牌Level Infinite。

2022年1月，亚洲奥林匹克理事会与腾讯达成战略合作，共促电竞发展；2月，腾讯承诺不晚于2030年实现自身运营及供应链的全面碳中和，并实现100%绿色电力；8月，腾讯与多家行业伙伴共同组建碳中和专业委员会，消除技术壁垒，助力解决气候变化问题。

2023年5月，腾讯温室气体减排目标通过国际组织SBTi认证；6月，在香港交易所上市的腾讯股份启动港币、人民币双柜台模式；7月，腾讯全面有序开放微信支付商户网络，提升境外用户在境内的移动支付体验；8月，腾讯签约加入联合国全球契约组织（UNGC）；9月，腾讯推出自研混元大模型；11月，腾讯推动建立全球低碳创新联盟，并成为联合国妇女署《赋权予妇女原则》（WEPs）全球签署企业成员。

三、平台型企业社会责任的履行

1. 社会公益责任的履行

（1）创建公益平台

腾讯公益平台于2007年上线，是中国内地首批互联网募捐平台。该平台通过制定相关规则，培养公益组织透明化的意识和行为；通过提供数字化工具，帮助公益组织降低披露难度，提升披露效率；通过搭建开放的沟通平台，邀请行业伙伴共建透明公益生态，推动公益行业的健康发展。同时，腾讯公益平台建立了完善的监督机制，让公益行为透明可信。该平台提供多种参与形式，协助公益组织和公益项目触达数亿中国用户，促进公益行为日常化。腾讯提供数字技术能力和工具，助力公益行业更高效地运作。同时，腾讯一直鼓励员工参与公益行动，身体力行地解决社会问题。

（2）人人可公益

腾讯公益平台发起全民公益活动——"99公益日"，用户捐赠人次从

2015 年的 205 万人次增长至 2023 年的 6500 万人次，公众捐款金额从 2015 年的 1.27 亿元增长至 2023 年的 38 亿元，参与捐赠的企业在 2023 年超过 600 家。腾讯把公益行为逐渐融入日常生活的各种场景，让用户能够以便捷、低门槛的形式参与公益，推动公益日常化，由此也诞生了公益产品"小红花"。

"小红花"是用户公益行动的爱心印记，用户参与腾讯各种公益场景或爱心企业倡导的公益行为均可获得小红花。用户可以把小红花捐赠予支持的项目，该项目会在平台上获得相应的配捐。小红花体系的不断升级，让众多朴素而真实的公益需求和愿望找到了切实的落地解决方案，也给"人人可公益"的理念赋予了新的时代表达和实现路径。此外，腾讯还充分发挥互联网平台和技术的聚集效应，拓宽公益的时空边界，探索创设覆盖城市、县域、乡村等的线上线下联动的公益场景，让公益变得更可见、更可及、更可信。

（3）扶贫项目

在对口帮扶的贫困村选择上，项目选择了非常贫困的村庄——广西河池市都安县隆福乡大崇村，该村是 2020 年国务院扶贫办挂牌督战脱贫攻坚的最后 1113 个贫困村之一。腾讯以大崇村的龙布屯为切入点，依托当地原生态的自然条件，在龙布屯打造民宿"龙布日出"，在民宿的外观设计、内部设置以及周边纪念品等各方面融入当地瑶族文化元素，借助于广告等优势资源，打造"龙布日出"文化 IP，让当地无法外出打工的年轻人可以在家门口实现就业。此外，腾讯还动员内部员工作为志愿者积极参与扶贫项目。腾讯扶贫工作项目组联合腾讯志愿者协会共同举办了一系列"小鹅爱乡村"亲子扶贫体验夏令营，并且将大崇村的扶贫农产品列入公司内部奖品的采购列表中。

2. 社会经济责任的履行

（1）乡村振兴

腾讯认为，人才是乡村振兴的关键。因此，腾讯发挥自身数字能力，支持更多专业化、职业化的乡村经营性人才的发展，并提供资源与数字工具，助力乡村产业数字化升级，协助推进乡村地区发展。

①耕耘者振兴计划。2021 年，腾讯与农业农村部签署耕耘者振兴计划战

略合作协议，为乡村治理骨干和新型农业经营主体提供免费的农业经营管理数字化工具和知识培训，计划在三年内线下培训 10 万人，线上培训 100 万人。截至 2023 年 12 月，耕耘者振兴计划已在 31 个省市自治区落地，培训总人数达 46516 人，并有超 85 万人在线上知识分享平台学习。

②犀牛鸟精英人才培养计划。腾讯重视科技人才的发现与培养，将理论研究和产业实践结合，为学生提供专业、前沿的科学研究专项培养项目，为此推出犀牛鸟精英人才培养计划，面向高校学生提供开源技术的课程和实践培养方案，包括基础课程、进阶研究和项目实战三个阶段，助力开源人才生态的发展，让高校学生在校企双导师联合培养模式下，在实践中验证学术理论。

（2）应急支援

腾讯利用自身技术能力，协助应急组织构建旨在提高应急救援和灾害拯救效率的协作平台。平台实现的功能如下。第一，为受灾群众提供求救求助的入口。受灾群众通过录音、拍摄照片就可快速发布求救信息和物资求助信息，并为老人等特殊群体设计了一键电话求救等便捷功能。第二，为工作人员处置求救信息提供支撑。让救援人员实时掌握受灾群众求救情况，及时核实求救信息，审批救援申请，匹配救援任务，协调社会应急力量参与救援。第三，支持有序调度社会应急力量。平台的智能匹配救援任务功能，有助于引导社会救援力量有序参与救援。截至 2023 年 8 月，平台共入驻社会志愿救援团队 2987 支、专业救援团队 429 支、大型企业工程抢险团队 20 支。

2023 年 7 月，在京津冀地区遭受洪涝灾害期间，腾讯提供了技术和人员支持，包括协助维护当地灾害应急救援救助平台正常运行，以及通过微信朋友圈广告、腾讯新闻弹窗在重灾区涿州发布救援信息。此次灾害期间，共有 27505 人通过平台第一时间得到救援救助。

（3）普惠数字金融

腾讯以数字支付为底座，不断推出多样化的产品和服务，引领金融科技的发展趋势，一直致力于为大众、中小微企业、个体经营者及弱势群体提供更多的机遇，同时持续加强风险管理及支付生态系统建设，确保用户能够享受到便捷、多元、安全可靠的普惠数字金融服务。通过微信支付，腾讯为用户提供更方便快捷的生活服务数字化支持，满足多元化生活场景下的数字服务需求，包括生活服务、智慧出行、医疗服务、政务民生等。

为了让那些难以便捷地获取金融服务的用户能有机会及渠道获取合规、安全、便捷及稳定的线上金融服务，腾讯通过自身金融产品及服务的创新、与第三方持牌金融机构的深入合作等方式，扩展多条线上金融服务渠道，提供更加丰富的财富管理及消费贷服务。

3. 促进社会稳定与进步责任的履行

通过创造数字经济与实体经济融合所产生的商业机遇，腾讯促进相关职业的多元发展，从而带来了更多的就业机会。依托腾讯数字生态，包括微信公众号、视频号、小程序等产品功能，让更多人群从事自由灵活的新职业。根据《2023年数字生态青年就业创业发展报告》，微信平均每个创业项目拉动就业收入机会8.44个。为解决有一技之长的手艺人就业难、业务少，以及大量的日用品修补需求得不到满足的困境，腾讯发起"小修小补"引路行动，通过微信、腾讯地图打造了中国内地首个"便民修补小店地图"，使手工艺小店出现在腾讯地图、微信小程序里面，从而被有需求的消费者找到。截至2023年12月，"小修小补"引路行动已提供200多个城市超过50万家手工艺小店的地理位置和服务信息，包括修鞋、开锁配钥匙、裁缝、维修自行车、维修钟表等。

4. 维护消费者正当权益责任的履行

（1）保护用户数据隐私

腾讯坚信保护用户数据隐私和尊重用户权益是创造安全和优质用户体验的首要前提。为保护用户数据隐私，腾讯持续完善数据隐私保护体系，在信息生命周期内构建合理有效的内部数据治理和管理制度与流程规范等，让用户数据和隐私得到有效保障。

腾讯遵循"将隐私保护融入设计"理念，在产品和服务设计阶段，就已考虑和部署对用户隐私的保护，并在整个产品生命周期持续考虑用户隐私的保护问题。腾讯的产品和服务始终以向用户提供价值为核心，为确保这一点，腾讯特别强调要向用户清晰告知其收集的数据类型及其用途，每一项产品和服务都会清晰阐述数据收集的目标、方法和范畴，隐私政策也为用户提供了关于访问、修改及删除个人信息的权利指南。

此外，腾讯还格外重视用户的沟通与申诉途径。为解决用户包括评论、咨询和投诉等权利请求，腾讯设置了多种渠道进行响应，包括"腾讯隐私保护平台"、电子邮箱、产品客服及邮政信件等。为了满足用户的需求，腾讯会协助用户完成访问、复制、修改、补充或删除个人信息的请求，并制定了相应的规程以确保用户请求能够得到迅速且妥善的处理，同时确保所有腾讯产品都能针对这些请求做出响应。此外，腾讯始终致力于优化前端功能，使用户能够更为便捷地与工作人员互动，并在公司的产品内直接行使个人信息权利。

（2）守护网络与数据安全

网络与数据安全是构建数字信任的重要基础，是保障用户信息与隐私权利的基本前提。腾讯为有效保护用户数据免受未授权访问或者恶意攻击，设立了专业的安全部门与团队，持续进行网络与数据安全能力建设，有信心向用户提供安全、稳定、可靠的产品与服务。

此外，腾讯还构建了一套自适应的闭环安全防护体系，全面守护网络基础设施和数据资产的安全。同时，在业务流程中纳入"开发、安全、运营"（DevSecOps）的安全理念，让安全运营贯穿全部产品生命周期。除技术研发外，腾讯更重视安全相关的人为因素，对员工定期开展信息安全相关教育与技术培训，营造良好的信息安全文化氛围。2023年，腾讯未发生任何重大网络安全和数据泄露事件。

（3）保护知识产权

腾讯将知识产权保护视为支持创新的重要基础，致力于通过全面的知识保护策略，让每一项创新成果得到尊重与保护，从而激发科技的无限潜能，丰富和提升其数字内容体验。为创作者提供受保障的创作空间，保障其原创成果不受侵犯，腾讯建立了"电子授权——监测——维权"平台，为创作者提供全网盗版监测和一键维权服务，同时推进"版权合伙人"等计划，在及时阻止侵权的基础上引入侵权赔偿，将追回的侵权收益返给原创版权作者，严厉打击抄袭、搬运、仿冒、诱导骗赞等违规行为，有效保护内容原创作者的劳动成果及合法权益。

腾讯视频构建了基于视频指纹和数字水印两项核心技术的版权保护系统，并持续更新迭代技术手段。视频指纹技术是指对于每个视频内容，腾讯视频都会利用 AI 技术提取视频指纹作为该视频的唯一身份，涵盖画面、音频、台词等多个维度。腾讯视频通过该技术建立了高效的版权保护系统，能够在数秒内识别和比对海量视频内容，保护原创者的权益。数字水印技术在不影响视频质量的前提下嵌入版权信息，确保内容在整个流转过程中的版权归属清晰可追溯，有效地解决了版权内容泄露的问题。

（4）推进负责的人工智能

AI 正在成为科技发展的核心引擎。通过投入基础和应用研究，腾讯不断钻研提升人工智能科技能力，并应用到产品和服务中。在内容、社交、云、游戏等主要业务范畴，腾讯已经通过人工智能有效提升用户体验及支持企业伙伴业务发展。腾讯相信，人工智能在提高生产力、增强业务灵活性、鼓励客户参与和促进产品创新方面均具有深厚的潜力。2017 年，腾讯提出"ALL IN AI"的战略，基于 AI 治理原则，在工程研发、技术创新和产品应用上持续投入。2023 年，腾讯全面拥抱大模型，不仅发布全链路自研万亿参数规模的混元大模型实现完备的文本与多模态的生成能力，还将基础模型能力应用在腾讯广告、腾讯会议、腾讯文档、腾讯云、搜一搜、企业微信、金融风控、腾讯视频、腾讯新闻、微信支付、腾讯公益等 600 多个业务场景中，提升智能化推荐和运营效率。应用了混元大模型后，腾讯会议支持会议纪要的实时生成，提高了与会者的沟通效率；腾讯文档可帮助用户做智能推荐和生成内容，提升文档编辑效率。在广告业务中，腾讯依托 AI 技术显著提升了广告定向能力，为广告主提供更精准的目标受众定位，从而提高广告投放效果和转化率。腾讯还将 AI 技术应用在网络安全领域，运用大数据和 AI 技术分析和识别恶意软件、网络钓鱼等网络攻击行为，为用户提供安全防护。

（5）未成年人保护

互联网作为学习、娱乐和现代生活方式的重要媒介，是未成年人必然接触的事物。现实世界里，未成年人成长需要父母和社会的保护和引导，网络世界亦如是。因此，腾讯的产品提供了有效的未成年人保护机制，让各方都能有效参与和支持。

①未成年人模式。互联网上海量的各类信息极可能让未成年人面临考验和挑战，腾讯结合未成年人在社交和媒体产品上的使用习惯特点，在多项产品中推出青少年模式，或开发适合未成年人使用的版本，持续探索更优的未成年人安全上网解决方案，让监护人对未成年人的上网行为有更好的掌握和引导。

②专项保护行动。腾讯卫士是一个集账号安全、有害行为打击、用户教育为一体的综合安全服务平台，其功能包括受理网络诈骗、网络黄赌毒、有害青少年身心健康、违规金融服务等相关内容的举报，及时封停违规账号，以及开展网络安全科普教育。2023年，腾讯卫士推出了一系列青少年网络安全的科普内容，包括发布未成年人安全上网主题漫画，提高未成年正确应对网络沉迷、网络诈骗、网络猥亵等问题的意识和能力，并且在线下联合合作伙伴开展社区讲座，覆盖10余座城市，为未成年人提供生动有趣的网络安全科普。腾讯护苗工作站致力于不良信息治理和培养未成年人良好的网络使用习惯。2023年，腾讯护苗工作站通过进学校、进社区等多种方式，向农村留守儿童、城市流动儿童、社区常住儿童等传递网络安全知识，课程内容包含个人信息保护、网络欺凌与诈骗、网络猥亵和暴力、心理健康等主题，帮助他们更加健康、安全地成长。

5.保护自然环境与资源责任的履行

根据世界经济论坛发布的《全球风险报告2024》，未来十年最严重的全球风险是极端气候事件、地球系统关键变化、生物多样性丧失和生态系统崩溃。气候以及生物多样性风险在未来会对全球产生重大影响，因此腾讯坚定采取碳中和以及生物多样性保护等环境保护行动。

（1）气候战略与行动

腾讯持续审查其气候战略，通过情景分析识别在短期、中期和长期时间跨度下的气候相关风险和机遇，实施应对措施，并定期评估措施的有效性。自 2022 年起，腾讯聘请专业顾问开展气候情景分析，利用联合国政府间气候变化专门委员会（Intergovernmental Panel on Climate Change，IPCC）和国际能源署（International Energy Agency，IEA）作为主要数据集，选用了低碳和高碳气候情景，评估腾讯业务运营和价值链的气候风险和机遇。分析结果应用于腾讯气候应对策略的制定，以增强其气候韧性。

（2）生物多样性与自然保护

腾讯认为数字技术的应用可以在生物多样性以及生态环境保护中发挥关键作用。2022 年，腾讯基于 UNSDGs、生物多样性公约（Convention on Biological Diversity，CBD）的《昆明－蒙特利尔全球生物多样性框架》以及中国生态文明建设战略，发布了《生物多样性声明》，承诺减少对自然的依赖和影响，并为生物多样性保护开发数字化产品，输出正向的自然影响。

第一，评估自然相关的依赖、影响、风险和机遇。腾讯结合 TNFD 的 LEAP 方法以及科学目标网络（Science Based Targets Network，SBTN）的指引，识别并评估其与自然相关的依赖、影响、风险以及机遇。通过评估，腾讯进一步了解应该如何降低运营以及供应链的自然依赖和影响，并且完善其在生物多样性保护方面的策略。在评估阶段，腾讯分析了主要资产的自然相关风险与机遇。评估过程中，腾讯使用了世界自然基金会（WWF）风险工具，并基于地理位置、行业类别和资产信息进行了分析，评估了自然相关的物理和转型风险与机遇。评估涉及与自然相关的各个维度的风险和机遇的分析，并考虑腾讯的运营对生态系统、野生动植物和生物多样性的影响，以及对自然资源的依赖。

第二，生物多样性和自然行动。腾讯在《生物多样性声明》中明确其将持续在三个领域开展生物多样性行动。首先，生态友好地发展公司业务。腾讯积极降低对自然的影响和依赖，以生态友好的方式发展公司业务。根据影响和依赖评估结果，腾讯识别了水和废弃物两类实质性的自然相关事项，基于此梳理了水资源和废弃物管理现状，并制订提升计划。在水资源管理方面，腾讯致力于应用节水和循环利用技术和设备，提升水资源利用效率；在废弃物管理方面，腾讯坚持 3R 原则，践行循环经济理念，努力降低废弃物对环境的影响。此外，腾讯建立了标准化的废弃物管理体系，实施垃圾分类，推动源头减量，建立回用、回收及资源化利用流程，从而减少最终被填埋的废弃物。同时，腾讯积极强化员工意识，开展固废处理相关知识的员工科普。其次，利用数字技术促进自然资源可持续利用和保护生态环境，主要是运用 AI、云计算等数字技术，帮助各行各业提高效率，减少对自然资源的依赖。例如，为了提高公众对各种鸟类的认识，腾讯公益慈善基金会与《中国国家地理》杂志、阿拉善 SEE 基金会合作开发了"观鸟君"微信小程序，其中包含 1500 种鸟类的数据库。用户可以通过筛选鸟类特征或拍摄图片了解更多鸟类信息。再次，应用互联网工具提升公众认知。腾讯通过任命动物担任"大使"，将保护生物多样性的倡议融入公司产品中，旨在提高公众对生物多样性价值的认识和理解，促进更广泛的公众参与。例如，通过腾讯新闻"国家公园专区"阅读有关国家公园、特色物种故事和生物多样性科普内容；通过 QQ 音乐欣赏"声动自然"歌单，并享受由珍稀植物电波生成的自然音乐。

（3）减少碳足迹

腾讯积极运用数字化技术及产品影响力，助力用户、产业和社会低碳转型。在公司内部，腾讯不断提升能源的利用效率，将绿色低碳的理念融入其运营过程，以便不断减少产品和服务的碳足迹，其主要措施如下：

①绿色数据中心园区建设。腾讯在数据中心选址过程中遵循绿色选址原则，充分考虑气候条件，以便减少在运行过程的因制冷需求导致的能源消耗；考虑可再生能源供应，以匹配运行过程中使用绿色电力的需求；考虑气候物理风险，以提升设施的气候韧性。

②提升能源利用效率。腾讯通过应用数字化节能技术以及高能效制冷系统，不断优化数据中心的能源效率，从而降低 PUE。首先，腾讯应用 AI 技术

智能调节数据中心运行，提升能效水平。通过研发多种 AI 算法模型，综合 IT 数据、末端环境数据、室外天气数据的变化，优化各设备运行，从而在满足制冷需求的前提下实现整体节能优化。应用 AI 调节优化技术可以有效降低数据中心模组的 PUE。2023 年，腾讯进一步扩大了 AI 调节优化技术的应用范围。2023 年，新应用该技术的模组减少用电量约 5000 兆瓦时，极大地减少了碳排放。

③减少空调系统能耗。在数据中心运营过程中，空调系统是仅次于 IT 系统的第二大能源消耗系统，为了减少空调系统的消耗，腾讯使用间接蒸发冷技术，提升了数据中心能源的使用效率，在典型工况对比实验中节能率约为 20%。同时，通过优化数据中心低负载机房的暖通空调系统的参数，如调整空调送风温度和冷冻水温度、实施精密空调关停和冷却水泵降频等措施，有效降低了数据中心的 PUE。此外，腾讯使用磁悬浮热泵回收数据中心服务器运行过程中产生的余热，可以将热力输送给有需要的场地，避免能源浪费，还将冷却水用于机房制冷，最大力度地减少机房冷却负荷和水资源消耗。在保证机房正常运营的同时，腾讯开展了更换低能效旧空调的试点，降低了机房整体能耗。

④智能运营。腾讯通过建立并使用 IDC 智能运营平台，自动化收集和监控数据，并基于智能算法对数据中心进行 PUE 能效管理及能耗分析，实现数据中心智能化管理。此外，腾讯还在平台中开发碳管理功能，量化数据中心各运行环节的碳排放数据，提升减碳管理的精细化程度。为推进供应链节能减碳，腾讯将 IDC 智能运营平台提供给供应商使用，提升他们的智能化、低碳化水平。

⑤可再生能源转型。腾讯持续推进能源的可再生转型。一方面，增加可再生电力的采购。自 2021 年起，腾讯坚持以"额外性、可溯源性、就近性"的原则参与绿色电力市场化交易。"额外性"是指绿色电力并未获得补贴，确保额外性可以使其绿色电力采购工作能更好地促进可再生电力的产生；"可追溯性"是指绿色电力能够清晰地追溯到能源的来源，保证来源的合规、透明和

可持续;"就近性"是指在能源采购过程中,优先考虑地理位置与数据中心较近的可再生能源项目,减少能源传输损失,提高能源利用的效率。2023年,腾讯进一步扩大绿色电力的使用范围和用电量,新增三个数据中心采购绿色电力。2023年,腾讯共采购绿电604277.1兆瓦时,相比2022年增加了79.6%,避免碳排放344619.2吨。同时,腾讯在数据中心屋顶建设可再生能源发电设施,主要通过采购光伏组件,吸收太阳能转化成电能,直接供给腾讯数据中心的内部,同时光伏板也反射太阳热量,减少数据中心的冷却负荷。2023年,腾讯天津高新云数据中心、腾讯上海青浦数据中心等五个数据中心的光伏系统已并网发电,新增可再生能源设施装机容量32.6兆瓦。截至2023年年末,腾讯数据中心可再生能源设施总装机容量达52.2兆瓦,相比2022年增加了166.3%。

⑥低碳办公。为了使其工作场所更加可持续,腾讯不断提升办公设计、建设及运营过程的能源及资源使用效率。腾讯通过"完善绿色管理""精细节能程序""落实节能措施"三个路径,致力于打造低碳办公环境。在完善绿色管理方面,腾讯在办公楼设计和建设阶段,始终秉持"安全耐久、健康舒适、环境宜居、生活便利、资源节约"的基本原则,要求所有新建楼宇的设计均应符合国际以及当地绿色建筑标准。在建成投入运营后,腾讯持续使用国际标准规范其日常运营与维护。在精细节能程序方面,腾讯为进一步精细化管理能耗设备,持续改进节能降耗的管理策略,以及针对不同办公场所实际运营情况不断优化《能耗设备运行规范》。此外,腾讯不断挖掘照明系统及暖通空调系统的减碳潜力,优化公共区域、餐厅、地下室和办公区的照明管理,调整空调在过渡季节的运营策略。同时,腾讯建立了节能考核制度,每月对楼宇的运营方进行考核,并配套奖励以及惩罚措施。对于考核不达标的楼宇,运营方需要制定并实施相应的优化方案。

⑦探索低碳技术。腾讯专注于内部技术革新,并持续关注低碳技术的创新迭代,以实现环境可持续并促进社会绿色发展。为了支持低碳技术的研发和产业化,腾讯发起了"碳寻计划"。计划首期聚焦于碳捕集、利用与封存(Carbon Capture, Utilisation and Storage, CCUS)技术,公开征集项目方案

并在2023年9月选出第一批30个项目予以支持。为了促进低碳技术的交流以及发展，腾讯建立了一个面向全球的气候技术共享与合作的开放社区"碳LIVE"。腾讯与领先企业、孵化器、投资者和协会等携手，推动全球碳中和与气候适应技术的应用。

⑧赋能产业低碳转型。数字技术的应用在提升产业效率和节能减碳中发挥关键作用。因此，腾讯将自身数字化技术应用到产业中，助力行业低碳转型。不仅不断拓展移动支付的绿色应用场景，而且积极探索能源管理数字化解决方案，助力企业智能决策水平，并对接不同合作伙伴的产品和平台进行了全面升级。

案例专栏 5

通过提高消费者企业认同与感知质量扩大 PCSR 对消费者伦理行为的影响

——以阿里巴巴为例

一、企业简介

阿里巴巴集团控股有限公司（以下简称"阿里巴巴"）于 1999 年在浙江省杭州市由马云等人创立。创立初期，所有创始人持有一致的理念，坚信未来的市场势必会向线上发展，并且深信互联网能够创造公平和高效的交易环境，他们致力于依靠互联网技术让更多的小企业通过创新与科技拓展公司业务，推动小企业更有效地参与中国及国际市场竞争。自推出让中国中小企业接触全球买家的首个网站以来，阿里巴巴作为控股公司经营多项业务，目前已经持有淘天集团、阿里国际数字商业集团、云智能集团、本地生活集团、菜鸟集团、大文娱集团六大业务集团，其业务涵盖核心电商、零售批发、本地生活服务、物流配送、云计算、数字媒体及娱乐、创新业务等，形成了囊括手游、音频播放等泛娱乐业务和智能终端业务的完整商业生态体系，为用户的日常生活带来便利，因此受到了广大客户的喜爱。

二、企业发展历程

1999 年 9 月，马云带领 18 位创业伙伴在杭州的公寓中正式成立了阿里巴巴，集团的首个网站是英文全球批发贸易市场阿里巴巴。同年阿里巴巴推出专注于国内批发贸易的中国交易市场（现称"1688"）。

2000 年 1 月，阿里巴巴从软银等数家投资机构融资 2000 万美元。

2003 年 5 月，购物网站淘宝网正式创立。

2004 年 2 月，阿里巴巴从数家一线投资机构融资 8200 万美元，成为当时中国互联网界最大规模的私募融资；12 月，关联公司的第三方网上支付平台支付宝推出。

2005年8月，阿里巴巴与雅虎签署合作协议，阿里巴巴收购雅虎中国的全部资产，同时获雅虎10亿美元投资，并享有雅虎品牌及技术在中国的独家使用权；雅虎获阿里巴巴40%的经济利益和35%的投票权。

2007年11月，阿里巴巴网络有限公司在香港联交所主板挂牌上市。

2008年6月，阿里巴巴把旗下的中国雅虎与口碑网整合，成立雅虎口碑公司。

2009年9月，阿里巴巴成立阿里云计算。同年，阿里巴巴宣布收购中国领先的互联网基础服务供应商中国万网。

2010年4月，阿里巴巴正式推出全球速卖通，让中国出口商直接与全球消费者接触和交易；8月，阿里巴巴收购两家服务美国小企业的电子商务解决方案供应商Vendio和Auctiv。

2011年6月，阿里巴巴将淘宝网分拆为三家公司，即一淘网、淘宝网、淘宝商城。

2012年1月，阿里巴巴网络有限公司（代码1688）在香港联交所退市，市场瞩目的阿里巴巴私有化落幕。为了改进公司管理机制，阿里巴巴宣布调整公司组织架构，从原有的子公司制调整为事业部制，把现有子公司的业务调整为淘宝、一淘、天猫、聚划算、阿里国际业务、阿里小企业业务和阿里云七个事业部。

2013年1月，阿里巴巴宣布旗下的阿里云与万网合并为新的阿里云公司，合并后"万网"品牌将继续保留，成为阿里云旗下域名服务品牌。

2014年6月，阿里巴巴完成收购移动浏览器公司UC优视并整合双方业务，收购电影及电视节目制作商文化中国传播（现称"阿里巴巴影业集团"）约60%股权，开始以阿里电信品牌在中国提供移动虚拟网络运营商服务；9月，阿里巴巴于纽约证券交易所正式挂牌上市，股票代码"BABA"。

2015年1月，阿里巴巴的业务版图大幅扩张，与蚂蚁金融服务集团合资成立一家本地生活服务平台公司"口碑"，双方各自注资30亿元，共60亿元,各占股50%;2月,以5.9亿美元战略投资魅族科技;3月,旗下全球批发贸易平台和英国创新借贷机构ezbob及iwoca达成战略合作,协助英国中小企业在向平台上的中国供应商购买货物时,可更方便地获得营运资金;8月,投资苏宁云商集团股份有限公司283亿元,占发行后总股本的19.99%,成为苏宁云商的第二大股东;8月,与美国百货零售巨头梅西百货、麦德龙均达成独家战略合作;11月,完成对优酷土豆集团的收购计划;12月,斥资12.5亿美元收购饿了么。

2016年2月,阿里巴巴与国家发展改革委签署结合返乡创业试点发展农村电商战略合作协议,未来三年双方将共同支持300余试点县(市、区)结合返乡创业试点发展农村电商。试点采取三年滚动的实施方式,2016—2018年每年支持约100个试点地区促进返乡创业就业。此外,国家发展改革委与阿里巴巴在京签署关于推进商务领域诚信体系建设的合作备忘录,在数据共享、联合奖惩、试点示范、研究共创等方面展开一系列的合作,提升商务领域诚信意识,推进诚信体系建设,发挥信用体系在优化商业环境、促进产业发展中的重要作用。

2017年3月,阿里巴巴宣布全资收购大麦网;12月,投资中国电动汽车创业公司小鹏汽车。

2018年2月,阿里巴巴与文投控股股份有限公司、万达集团在北京签订战略投资协议,阿里巴巴、文投控股以每股51.96元收购万达集团持有的万达电影12.77%的股份,其中阿里巴巴出资46.8亿元、文投控股出资31.2亿元,分别成为万达电影第二、第三大股东,万达集团仍为万达电影控股股东,持有48.09%的股份;4月,阿里巴巴全资收购中国大陆自主嵌入式CPU IP Core公司——中天微系统有限公司;8月,华泰证券对外披露定向增发结果,阿里巴巴等企业向其投资142亿元。

2019年1月,阿里巴巴收购柏林的data Artisans公司,以发展数据处理技术;2月,入股中国国际金融股份有限公司,持有中金公司港股约2.03亿股,占其港股的11.74%和总已发行股份的4.84%;9月,以20亿美元全资收购网易旗下跨境电商平台考拉，同时阿里巴巴作为领投方参与网易云音乐此轮7亿美元的融资；11月，阿里巴巴（09988.HK）正式在港交所挂牌上市，开盘187港元，成为首个同时在美股和港股上市的中国互联网公司。

2020年，阿里巴巴上榜2019年上市公司市值500强，名列第一。

2022年5月，阿里巴巴增持其附属公司阿里健康的股份；12月，阿里巴巴eWTP（世界电子贸易平台）与泰国共建的首个数字自贸区正式开始试运营。

2023年1月，阿里巴巴宣布新的组织和治理结构，以推动各项业务更加敏捷地响应市场变化，更好地抓住各市场和行业机遇，将设立云智能集团、淘天集团、阿里国际数字商业集团、本地生活集团、菜鸟集团和大文娱集团六大业务集团及其他业务公司，各业务集团和业务公司将相应进行独立运营。

三、平台型企业社会责任的履行

1. 社会经济责任的履行

（1）"春雷计划"

2009年3月，阿里巴巴面对全球性经济危机，为帮助和拯救国内身陷困境之中的中小企业，提出了"春雷计划"，竭尽全力帮助国内众多中小企业乘互联网之势冲出寒冬，后因故计划终止。2020年，新冠疫情在全球范围内暴发，阿里巴巴宣布再次启动11年前提出的"春雷计划"，以扶助中小企业，致力于帮助中小企业度过眼前的"危"，更重要的是帮助它们找到面向未来的"机"。

阿里巴巴国际站响应集团号召，充分利用20多年来积累的数字化跨境贸易能力，通过进一步升级数字化工具及服务能力，助力中国中小外贸企业面向全球市场线上突围，把握数字化跨境贸易新机遇，主要有以下三项举措：第一，商机开源，流量和营销扶持加码，线上展会赋能；第二，履约无忧，全链路跨境供应链助力商家货通全球；第三，成长护航，构建从入驻到成长到进阶的商家服务体系。

（2）助力发展数字经济和生活

阿里巴巴一直致力于将中国数字化消费市场扩展到农村地区，让城市居民对美好生活的追求，成为乡村发展的核心引擎之一，推动农产品走向更大的市场，推动乡村的特色产业带发展，让乡村居民得到物美价廉的供给；不断在市场连接、价值链升级、人才培养和乡村活力四个方向努力，建设数字城乡经济，降低不均衡水平，推动乡村振兴。

①直播助力农产品推广。主要是积极发挥淘宝直播的平台优势，推出可视化农货专区、"农鲜汇客厅"等线上产品展示平台，助力农产品销售，让更多农产品进入直播间，推动更多有趣的农人主播被看见，实现农民稳定增收。例如，在云南元阳，阿里巴巴依托世界文化遗产红河哈尼梯田农耕文化产业，助力当地农特产品在直播、阿里巴巴自营及合作第三方电商等多维渠道触达全国消费者，打造以红米、沃柑等产业为核心的产业价值，让老百姓有了更高的种植收益。

②"淘宝村"走向全球。数字时代的平台市场是全球化的，阿里巴巴充分认识到这一点，因此努力提高帮扶力度，提高帮扶地区的覆盖面积与人群，希望帮助越来越多的县域和乡村中小企业、年轻人、女性创业者参与全球贸易，助力乡村做好世界生意，同时把淘宝村的模式带到更多的新兴和发展中经济体中，赋能当地乡村创业者，共享全球化的发展红利。

此外，阿里巴巴还助力非洲发展中国家数字减贫。2022年7月，阿里巴巴和联合国国际贸易中心签署了谅解备忘录，致力于发挥双方优势，共同支持发展中国家中小微企业参与全球数字贸易，助力数字减贫。阿里巴巴与ITC就发展中国家特色产品数字化升级、中小企业培训、数字化助力乡村振兴经验输出与政企间交流等板块开展合作。2023年，阿里巴巴举办了"变化中的中国市场"等专题培训，加深了50多个非洲中小微企业对中国电商及市场的了解，联合发起非洲八国驻华大使及官员座谈会并参与进博会"数字经济开放与治理"，努力促进双方与多方的合作与交流。

2. 社会公益责任的履行

（1）推动员工积极参与公益

阿里巴巴从创立之初，就立志做一家有温度的公司，希望汇集每一份微小的力量去帮助有需要的人，为社会创造价值。公益心是阿里巴巴最重要的底色，也是把每个员工连接在一起所不可缺少的纽带。自 2015 年起，阿里巴巴提出"人人 3 小时"的倡议，鼓励每一位员工将对公益的追求和向往转化为实实在在的行动，支持员工自发成立公益幸福团，以机制化的方式开展公益活动。

①顺风车公益幸福团。2014 年，公司员工自主发起顺风车公益幸福团，由阿里技术志愿者开发顺风车公益平台，以帮助缓解员工上下班的交通压力，并能够降低通勤碳排放。顺风车既让大家搭建起跨部门的情谊，也拓宽了做公益的方式。阿里各园区划出 400 多个公益车位供顺风车专用，一些园区还特别设置了顺风车专属车站"公益爱豆车站"。每成功搭载一位同事，顺风车主就可获得顺风券一张，根据排名来分配公益车位，以此鼓励大家"顺风"出行。

②急救先锋幸福团。急救先锋幸福团由公益委员代表池培红发起，致力于培养和带动更多人成为"急救先锋"。她搭建了员工端完善的急救培训体系，以保证急救培训的专业性、长期性和稳定性，形成运营闭环，并积极组织亲子、社区、校园急救培训，引导更广泛的社会参与。2023 年，阿里急救先锋幸福团足迹遍布全国 20 多个城市，共培训了 15000 多人，带领数千人通过专业培训，并且获得红十字会救护员证、AHA 美国心脏协会救护员证等急救资格证。在池培红的带领下，阿里急救先锋公益幸福团的志愿者们多次参与提供大型活动的急救保障，如杭州马拉松、杭州梦想小镇半程马拉松、第十七届玄奘之路戈壁挑战赛及其他赛事。2023 年度，阿里巴巴急救先锋幸福团获得阿里巴巴公益榜年度最佳公益之星奖。

③120 接警志愿者团。2022 年年底疫情高峰期，杭州 120 急救咨询量激增，生命热线跟不上暴涨的需求，给患者及其家属带来极大压力和风险。为此，公益委员们和阿里巴巴公益第一时间与杭州市 120 急救中心联动，招募公司员工成为 120 热线接听志愿者，300 多名员工踊跃报名。所有志愿者在接受完整培训后，分批次参与了 120 急救调度服务。他们通过接听救助电话、回拨"早释"电话、症状初步判断、情绪安抚疏导等方式，认真应对生死时速的急救场面，保证生命热线 24 小时畅通无阻。

阿里巴巴于 2017 年设立了阿里巴巴公益榜（原称"橙点公益榜"），旨在表彰和奖励为公益事业做出重大贡献的优秀内部团队、个人和项目，这也是阿里巴巴内部"重磅"的员工年度奖项。

（2）支持员工参与公益事务决策

阿里巴巴一直支持员工为阿里公益事业承担更多责任，运用技术和业务能力形成创新洞察，为社会增加亮色。2012 年，阿里巴巴推出了公益委员会制度，每三年通过公开竞选的方式选出新一届"公益合伙人"，代表全体员工参与阿里公益事务相关决策。在公司制定公益文化发展方向等重大事项时，公益合伙人会积极收集员工的意见和建议，并将其反映到决策制定过程中。

2021 年 9 月，经过几个月的提名、路演、讨论、实践和票选，14 位员工成为第四届阿里巴巴公益委员。入职一年多以来，新一任公益委员既能从策划到独立落地公益项目，带动更多的阿里人更广泛地参与公益，又能合力运营公益委员基金，策划发起"好事发生"计划，创投有善能、懂创新的员工策划的公益活动。2023 年，第四届公益委员在儿童教育、社会应急保障、弱势群体关怀、环境保护、技术公益等领域共计发起 162 场公益活动，累计带动四千多人次参与其中。

（3）科技赋能解决社会问题

很多社会问题难以解决，不仅因为缺乏物质资源，也由于缺乏信息获取渠道，尤其是部分弱势群体在信息获取方面遇到的障碍更大。阿里巴巴致力于用科技解决从生态环境到各类社会问题面临的挑战，通过分享在数据处理和可视化等领域的专业知识和技能，帮助改善信息流动、协调资源，从而更好地解决问题。

①罕见病就诊地图解决罕见病患者"诊疗难"问题。2023 年 2 月，阿里巴巴旗下公司阿里健康联合北京病痛挑战公益基金会，发布全国首份"罕见病就诊地图"，帮助罕见病患者更便捷地获取就诊信息。该地图将国家卫生健康委员会发布的罕见病目录中 121 种罕见病对应的可查询指南、疾病同义词和已纳入全国罕见病诊疗协作网的 324 家诊疗医院做匹配检索，结合阿里健康的技

术能力，通过地理位置推荐服务，为用户提供全面、专业的全国罕见病医生和机构信息，缩短罕见病群体就医路径，提高罕见病患者就诊便利性和准确性。

②关于阿尔茨海默病（AD）筛查干预难题。对于阿尔茨海默病，目前医学界治疗方案有限，早期筛查和干预是有效的手段，但针对老年人认知功能的检查专业要求高，耗时久，且大部分城市缺乏相应资源，因此相关工作进展远低于预期。阿里巴巴达摩院 AD 公益筛查项目的志愿者们利用 AI 技术自研智能筛查工具，把专业的认知风险筛查变得像测量血压一样方便快捷，在保持同等效度的同时，耗时仅为传统人工筛查的三分之一。项目组广泛联合政府和社会资源，让更多人了解 AD，截至 2023 年 3 月 31 日已与多位专家、多家医院和养老院合作，帮助十一万八千多位老人完成筛查，近 600 多位公益志愿者参与。

③高德轮椅导航助力弱势群体无障碍出行。高德地图从 2017 年开始关注残障群体的无障碍出行。2023 年，高德成立轮椅导航公益项目组，在全集团征集技术志愿者帮助开发专门服务残障人士的轮椅导航，其中就包括来自淘宝天猫的数据工程师郭百岭。他因患有小儿麻痹症而失去自主行走能力，通过亲身经验帮助开发人员从用户的视角更好地理解现实生活场景中的"障碍"。轮椅导航功能于 2022 年 11 月 25 日国际助残日前上线。

（4）积极参与社会应急救助

阿里巴巴投入和整合各类资源，在抗震救灾、环境保护、公共健康等方面为各类紧急社会问题提供及时帮助。2023 年，阿里巴巴向阿里巴巴公益基金会捐赠 3.99 亿元，主要用于抗疫、教育和环境保护等领域的公益项目。在《公益时报》主办的第七届中国公益年会上，阿里巴巴荣获"2023 年度公益企业"称号。此外，阿里公益天天正能量项目、由阿里公益宝贝"XIN 益佰计划"支持的爱佑基金会重症患儿医疗救助项目及中国乡村发展基金会童伴妈妈项目，共同获得年度公益项目奖。

2022 年 9 月四川甘孜泸定县发生 6.8 级地震灾情，阿里巴巴通过阿里巴巴公益基金会迅速启动应急救灾预案，紧急向甘孜泸定地震灾区捐赠 500 万元，依照政府统一指挥，用于抗震救灾及灾后重建。此外，阿里巴巴公益基金会还联动此前派驻在甘孜的阿里乡村振兴特派员，全力对接和协调相关资源，协助前线灾后救助工作。阿里公益平台联动中国红十字基金会、中华社会救助基金会、壹基金、爱德基金会等公益组织，在"95公益周"会场联合发起募捐救助行动。

2023年2月，7.8级的土耳其-叙利亚地震发生后，阿里巴巴第一时间成立了由国际业务部门领衔的跨部门救灾小组，发挥平台的资源整合能力，保障物资采购捐赠工作。从项目启动到供应商寻源，再到跨境供应链履约，最快48小时完成采购寻源，让救援物资顺利抵达土耳其受灾地区。同时，菜鸟安排了专车运输，确保当地急需的防寒帐篷、睡袋、毛毯等救援物资迅速出仓，及时迅速地飞抵土耳其震区阿达纳等地。菜鸟前后支持处理土耳其救援物资总量超过200吨。此外，阿里巴巴公益基金会第一时间与浙江公羊救援队对接，在向民政部和理事会申报并获批后，向公羊救援队资助50万元用于紧急救援。

在乡村疫情防控问题上，阿里巴巴也做出了不少努力。2023年，在农业农村部、工业和信息化部、国家卫生健康委等国家有关部门的指导下，通过阿里巴巴公益基金会捐赠1.25亿元，为全国60多万个村级卫生室各采购2台指夹式血氧仪，基本覆盖所有行政村。菜鸟在4天内将100多万台血氧仪全部发出，在广大农村地区建立起了有效屏障。菜鸟还在天津、西安、武汉、广州、成都、嘉兴等6个重点城市开设农村医疗应急专仓，帮助农村地区提升应急物流能力。2023年2月，在农业农村部、全国工商业联合会、工业和信息化部、国家卫生健康委的指导下，菜鸟将2.2万多台制氧机送至新疆、甘肃、广西等386地的基层医疗机构，有效提升基层医疗卫生服务。

（5）发挥平台力量，推动多方参与

在社会公益问题上，阿里巴巴一直运用科技力量、商业思维和平台资源，发动社会一起参与公益，从购物之余的举手之劳到响应倡议行动，让每个人都能做一点公益，让公益融入社会生活。

在带动公众方面，阿里巴巴发起了包括"公益宝贝"在内的"阿里巴巴公益平台"和"人人3小时"公益平台来让更多想做"好事"的人或者企业便捷高效参与公益。淘宝商家可在后台将其"出售中的商品"自愿设置为"公益宝贝"，将一定比例的交易金额捐向指定公益项目；消费者在淘宝上购买标识"公益宝贝"的商品后，平台按照商家设置的金额捐赠至相应的公益组织或项目。

3. 保护自然环境与资源责任的履行

（1）扎实推进碳中和

阿里巴巴秉承"数字、循环、经济"的原则，不断探索在发展中减碳。除了能源转型以外，还采取了多种提效减排方法，尤其是通过数字技术和平台机制的创新，取得了扎实的减碳进展。为实现运营碳中和、价值链碳强度减半的目标，阿里巴巴把减碳目标和技术创新融入业务流程，通过数智化节能提效、转变资源使用方式、影响参与者生态等形式，来建设和阿里巴巴最相关的四个减碳场景，即可持续的园区、绿色低碳的云、数智循环物流、可持续的零售场所，并把影响范围从自身延伸到价值链。

①关于可持续的园区建设。阿里巴巴的可持续运营计划从自身办公场所的建设开始，在为员工们提供绿色、健康、安全、有活力的工作环境的同时，推行绿色低碳的工作方式。在园区的前期建设中，采用更环保和可持续的设计方案，及绿色低碳的建造和装修方式；在园区运营中，则不断探索发挥数智技术帮助节能提效的空间，切实推动能源转型和各种资源的循环利用，并持续鼓励和引导员工和供应商参与其中，共同践行绿色低碳行动。

②构建一朵绿色低碳的云。云计算是数字经济发展的重要基础设施，在AI革命提速的今天，让算力更加高效低碳变得尤为重要。作为全球领先的云计算服务提供商，阿里巴巴力争成为绿色低碳云计算的领跑者。这既包括将自身打造成一朵清洁的云，也包括让更多的机构通过上云来满足自身数据处理和存储的需求，减少对本地化部署机房和服务器的依赖，还包括提供基于云计算的数智工具，帮助其他企业在数智化转型的同时实现节能减碳，从而真正发挥

绿色通用能力在数字循环经济转型中的价值。

③建设数智循环物流。物流是社会经济运转的关键支撑之一，但同时也是全球碳减排的关键难点，其对于新兴和发展中经济体挑战尤其大。在具体实施上，阿里巴巴在订单、包装、运输、仓储、回收这5个主要物流链路环节，联动消费者和供应商，探索通过数智优化、能源转型、转变使用包装材料等方式，推动物流减碳目标和系统转型的实现。经计算，菜鸟通过铺设屋顶光伏和清洁能源交易为自身运营共计减碳21000吨；阿里巴巴数字供应链团队在订单和运输环节通过数智化管理减少价值链碳排放28000多吨。

④打造可持续零售场所。作为全国多家线下实体零售的运营方，遵循运营所在地相关环境法律及法规要求，阿里巴巴从自身运营和价值链多个环节入手，在各运营环节转变资源使用方式，同时持续提升数字化能源管理水平。

（2）助力建设绿水青山

除气候危机外，其他环境危机同样紧迫。从水资源的紧缺和恶化，到塑料及其他固体废弃物泛滥带来的海洋和土壤污染，再到生物多样性丧失和生态系统退化，人类赖以生存的自然环境正受到威胁。阿里巴巴与环保组织、公众和其他利益相关方紧密合作，努力将科技和商业模式创新共同用于应对这些挑战中，致力于减少包装材料、节约和净化水资源、减少和循环废弃物和保护生态系统。

在减少包装材料方面，阿里巴巴积极践行资源循环利用，采取多种方式减少包材。一是从源头上做包装减量；二是在必要的使用过程中，积极投入对环境友好材料的研发和应用，即包材替换；三是提升使用包材的效率，即装箱优化；四是在包装用完以后再次回收利用，即包装回收。阿里巴巴不仅在自身运营中应用这些措施，也和价值链、平台生态伙伴共同行动和创新。

在节约和净化水资源方面，阿里巴巴不仅在自身运营中重视对水资源的谨慎使用，大力投入开发高效利用水资源的创新技术，也长期关注和持续支持中国水问题，通过建立广泛的朋友圈，共同推动中国水安全和水生态保护。其自研的高效干冷器，可实现WUE（水资源使用效率）设计值降至0.1升/千瓦·时以下，同时用技术持续改善阿里巴巴办公园区的水利用表现，以节约用水、循环利用水理念来设计和布置新建园区。

在减少和循环废弃物方面，阿里巴巴严肃处置自身运营过程中产生的废弃物，围绕源头减量、高效管理、合规处置及循环再利用四个维度开展行动和创新探索。

在保护生态系统方面，阿里巴巴不仅在自身运营中重视园区建设和运营对周边生态系统的影响，还激发员工的工作创造力及对生活的热爱，并把对自然的科学认知和绿色环保的生活理念传播给更多人。此外，阿里巴巴作为全球领先的电商平台，充分运用数字化能力，积极识别平台上的非法交易信息，配合执法部门打击非法交易，并开展增强用户野生动植物保护意识的行动，倡导公众参与保护，多方位支持野生动植物保护。通过人工智能算法等前沿技术，对文本、图片、视频、直播等内容进行监测，智能识别捕猎工具、重点人员等情况，对发现的违规行为快速惩处，助力破获多起野生动植物狩猎采集与非法交易的案件。

案例专栏 6

通过提高亲社会动机扩大 PCSR 对消费者企业认同的影响
——以哔哩哔哩为例

一、企业简介

哔哩哔哩（bilibili）创建于 2009 年 6 月，其前身是 Mikufans。2010 年，公司正式更名为"哔哩哔哩"。目前，哔哩哔哩是中国年轻一代的标志性品牌及领先的视频社区，被网友们亲切地称为"B 站"，该公司主要为网站用户提供全方位的视频内容以满足用户多元化的兴趣喜好。早期的哔哩哔哩侧重于泛二次元 IP 的供应，是二次元爱好者的聚集地，仅仅具备基础的评论、弹幕、视频等功能，是以 ACG（Animation Comic Game，即动画、漫画、游戏）为内容的小众同好社交平台。2018 年，哔哩哔哩在美国纳斯达克成功上市，坐稳了国内二次元霸主的地位，并在网络视频网站行业位列第二梯队，得到了社会公众的广泛认可。此后，哔哩哔哩开始实施多元化战略转型计划，其战略目标由打造"小众社区"转为建立"'Z 世代'人群泛娱社区"，主要在内容上进行横向拓展，同时进军大众文娱市场，试图从泛二次元文化社区向泛娱乐内容社区转型。由于在游戏、广告、增值服务、电子商务以及其他领域的卓越表现，哔哩哔哩于 2020 年实现公司市值突破百亿美元的目标。

依靠搭建的虚拟化的社区，哔哩哔哩致力于为用户提供丰富多元的视频内容，希望通过高质量、正向的内容为用户带来更多获得感。在哔哩哔哩打造的社区中，包含动画、番剧、国创、音乐、舞蹈、游戏、知识、生活、娱乐、鬼畜、时尚、放映厅等 27 个内容分区，其中生活、娱乐、游戏、动漫、科技是哔哩哔哩主要的内容品类，并开设直播、游戏中心、周边等业务板块，让网站用户及内容创作者能够发现基于不同兴趣的多元内容并进行互动，同时支持广泛的视频内容消费场景，以专业用户创作视频（PUGV）为中心，辅以直播、专业机构创作视频（OGV）等。目前，哔哩哔哩拥有超过 7000 个垂直兴趣圈层，200 万个文化标签，日均活跃用户规模已经突破 1 亿，月均活跃用户高达 3.36 亿，逐步成为我国头部的内容平台型企业。

二、企业发展历程

1. 圈层自组织阶段（2009—2011 年）

2009 年 6 月，哔哩哔哩公司正式成立。

2010 年 2 月，哔哩哔哩组织了 40 位 UP 主制作了第一个春节拜年视频（拜年祭前身），吸引了众多网友前来观看，聚集了人气。

2011 年，猎豹移动联合创始人陈睿作为天使投资人加入哔哩哔哩。

2. 企业化过渡阶段（2011—2013 年）

2012 年 2 月，哔哩哔哩移动端 Android 版本正式上线；同年 9 月，哔哩哔哩移动端 IOS 版本正式上线。

2013 年 10，在上海梅德赛斯－奔驰文化中心举行首届 Bilibili Macro Link，造就了 800 名二次元爱好者与哔哩哔哩共同干杯的知名场面。

3. 多元化经营阶段（2014 年至今）

2015 年 4 月，哔哩哔哩在成都开展第一届"Bilibili Macro Link"线下巡演演唱会，之后又先后在广州、西安、北京、进行了线下巡演；同年 10 月，哔哩哔哩举办第一届"萌节"，并开办了首届动画角色人气大赏。

2016 年 3 月，哔哩哔哩带着国产动画参展 AnimeJapan 2016，成为首家进驻 AnimeJapan 的中国互联网公司。

2018 年 3 月，哔哩哔哩在美国纳斯达克上市；9 月，哔哩哔哩宣布，其与美国 Discovery 达成了深度合作，上线 Discovery 专区，包括引入 145 部纪录片以及内容共制方面的计划；10 月，哔哩哔哩与腾讯联合宣布达成战略级合作，合作内容包括动画、游戏等 ACG（Animation、Comic、Game）生态链条的上下游，并获得腾讯 3.2 亿美元投资，其持股比例约为 12%；12 月，哔哩哔哩宣布已与网易签署收购协议，将对旗下网易漫画的主要资产进行收购，其中包括 APP、网站、部分漫画版权及其相关使用权益。

2019年2月，阿里巴巴宣布通过全资子公司淘宝中国入股哔哩哔哩约2400万股，持股比例占哔哩哔哩总股本约8%；12月，哔哩哔哩与全球最受欢迎游戏《英雄联盟》达成为期三年的国内独家直播协议，获得国内独家直播版权。

2020年1月，哔哩哔哩与QQ音乐联合宣布达成深度战略合作，双方将共同扶持优质音乐人及音乐作品；2月，在胡润研究所发布的"2019胡润中国500强民营企业"，哔哩哔哩位列第180位；4月，哔哩哔哩获得索尼4亿美元的战略投资，同时双方还将在多个领域展开合作，尤其是动画和移动游戏领域；9月，哔哩哔哩定制的用于科普传播的视频遥感卫星——"哔哩哔哩视频卫星"成功升空，该卫星由长征十一号运载火箭在黄海海域发射，卫星顺利进入预定轨道，发射任务取得圆满成功。

2021年3月，哔哩哔哩正式在香港二次上市，每股定价808港元，集资净额198.7亿港元；11月，中国信通院联合阿里巴巴、蚂蚁集团、快手集团、饿了么、腾讯、哔哩哔哩、360集团共同组建"信息无障碍技术和知识产权开放工作组"。

2022年，港交所官网显示，哔哩哔哩在香港联交所由第二上市转为主要上市，于10月正式生效；10月，举办2022—2023年哔哩哔哩国创动画发布会。

2023年1月，哔哩哔哩入选"2022年胡润中国500强"，排名第313位；5月，哔哩哔哩举办第二届纪录片开放周，对外开放3572部纪录片作品，在五一假期期间为全国劳动者和青年人提供丰富的纪录片内容，片库包括《河西走廊》《舌尖上的中国 第一季》《人间世（第一季）》等国产口碑作品，还有《人生一串》《众神之地》《人生第二次》等哔哩哔哩出品的爆款作品，涵盖社会、人文、历史、科技、美食、动物等众多领域。

三、平台型企业社会责任的履行

1. 社会公益责任的履行

（1）打造公益平台

为更好地履行社会公益责任，哔哩哔哩成立了哔哩哔哩公益平台，并成为民政部指定的第三批慈善组织互联网募捐信息平台，为年轻用户群体与公益机构提供了真诚沟通的桥梁。该平台聚焦于教育助学、济困救灾、人文自然和特需关爱等领域，并不断拓展新的公益议题。2023年，哔哩哔哩公益平台引入女童保护、反对家庭暴力等公益项目，策划和制作多项公益内容，为慈善组织提供支持，将公益向善理念播种在每一个用户的心中。对每个上线哔哩哔哩公益平台的筹款项目，哔哩哔哩均严格执行三审三查制度，定期审核公益项目运营情况，确保捐赠善款的使用情况公开透明和可追溯。此外，哔哩哔哩也针对公益机构的资质进行定期审核与监督，确保执行机构的合规与安全，增强公益机构的公信力。

（2）聚焦于乡村教育

哔哩哔哩深入贯彻人才教育是乡村建设的基石的理念，专注于支持乡村教育公益事业的发展，打造了特色的"资源+人才+文化"发展模式，努力为城乡教育鸿沟构建一座桥梁，覆盖范围主要是云南和贵州的偏远地区。

自2019年起，哔哩哔哩开始支持建设哔哩哔哩美丽小学。截至2023年年底，哔哩哔哩共计支持建设了6所乡村学校，为这些学校提供硬件、师资、比赛资源、优胜奖金等多方面的支持。

在师资力量培育方面，哔哩哔哩积极开展乡村教师创新项目，为学校引入公益机构等外部资源，支持本地教师成长。与此同时，哔哩哔哩联合上海师范大学在云南省丽江市华坪县开展教师培训活动，帮助华坪县构建了完善的教育人才支持体系。

为了让乡村孩子们享有平等的关爱和教育机会，哔哩哔哩设立了"哔哩哔哩快乐奖学金"，旨在支持乡村学校开设兴趣社团、支教老师开展课外创新项目和购买硬件设施，让乡村孩子们发展兴趣爱好、开阔眼界、快乐成长。截至2023年年底，哔哩哔哩快乐奖学金已累计发放119万余元的资金。

（3）帮扶困难群体

哔哩哔哩聚焦于社会中困境群体的真实处境和需求，帮助他们发声，使更多人关注、理解并尊重他们。同时，哔哩哔哩通过人文关怀，温暖困境群体，鼓励他们自信勇敢地面对生活。

①关注女童保护。哔哩哔哩公益平台与中国社会福利基金会等关注女童保

护的公益基金会合作，上线"女生加油计划""春柳计划关爱留守女童""让儿童免于被性侵"等多个女童守护项目，并联动多位 UP 主制作与公益内容结合的视频，引导用户关注女童保护领域。2023 年妇女节活动期间，这些项目共募得 16 万余元善款，用于发放生理卫生物资等，助力女孩们健康成长。

②救助困境儿童。困境儿童往往缺乏基本的物质支持、教育机会和心理健康护理，因此外界的帮助对于他们的健康成长至关重要。哔哩哔哩借助于强大的社区影响力，积极倡导用户增强对困境儿童问题的社会意识。2023 年儿童节期间，哔哩哔哩以"儿童节，送你一颗糖"为主题发起活动。邀请"谭乔""GenJi 是真想教会你""可妈可吗"等 14 位 UP 主参与相关稿件的发布，共同为困境儿童发声，号召用户关注并捐款。两周内为困境儿童募集超 26 万元善款。

③帮助残障伙伴发声。哔哩哔哩鼓励困境群体的 UP 主分享自己的故事和经历，并通过纪录片记录他们的真实生活，让社会大众可以更多地看到他们，听到他们，让他们可以更容易获得大众的理解和支持。他们展现出的积极向上、坚韧不拔的精神不断地鼓励着更多人勇敢地面对生活的挑战。2023 年 9 月国际聋人节，哔哩哔哩公益平台联动纪录片《今天忙啥呢？》发出公益倡导，制作"看见声音"节目内容，带领观众走入聋人及手语翻译者的日常生活，看见他们所面临的困境，呼吁公众对听障人群的关注和理解，为听障人群争取尊重和支持。

2. 维护消费者正当权益责任的履行

哔哩哔哩始终重视信息安全与用户隐私保护。基于完善的信息安全管理架构及流程，哔哩哔哩通过网络安全技术创新、数据风险评估及网络安全培训等方式提升网络安全管理意识和能力，为用户打造安全、放心的数据环境。

（1）安全管理体系

哔哩哔哩坚守信息安全红线，深度贯彻运营所在地相关的法律法规及行业标准要求，拥有三级信息安全管理架构，自上而下地开展信息安全管理工作，确保信息安全制度覆盖 100% 业务。2023 年，哔哩哔哩参照国际通用漏洞评分标准 CVSS 3.1 修订了安全漏洞管理规范，对漏洞基础评分规则及修复时间要求进行了优化，同时主动邀请独立第三方机构开展数据安全审计，并配合相关监管部门的检查，确保信息和数据的安全及合规性。

（2）安全管理举措

①流程优化。哔哩哔哩针对运营过程中存在的风险敞口较大的潜在漏洞建立了多个安全整改专项，保障公司稳定运营，同时制定了一系列数据安全管理机制和流程，为数据处理平台、系统运行及员工工作提供指引。

②安全意识宣贯。哔哩哔哩围绕钓鱼、数据保护责任、数据使用、数据安全等级、数据分享、法律要求、法律责任7个维度，通过钓鱼邮件演练、员工安全意识培训、安全知识考试等多元化方式，开展面向包括实习生、外包员工在内的全体员工培训与网络安全宣导。通过开展"网络安全宣传周"系列活动，哔哩哔哩在灵活多元的宣传活动中普及数据安全知识，帮助全体员工识别并应对工作过程中可能出现的数据安全风险场景，为数据安全工作的合规开展夯实意识基础。

③第三方信息使用要求。哔哩哔哩不断完善《合作方数据安全管理制度》，严格规范包括供应商在内的合作方数据处理行为，要求100%合作方签署数据安全相关协议或承诺函。在向合作方传输数据前，必须填写《第三方数据安全尽职调查问卷》，并通过信息安全工作小组复核。公司定期对合作方的数据保护制度进行审查，确保其合规性。

（3）技术赋能安全保障

哔哩哔哩自研了一系列用于保障信息安全的监控、测评以及赋能平台，确保各类安全事件得到及时、有效的应对和处理，实现更为全面、高效、智能化的安全保障。

① SDLC 平台。自研的 SDLC 平台主要用于哔哩哔哩各业务应用研发全生命周期的安全评审、代码审计、漏洞扫描、组件依赖扫描、线上安全扫描的自动化调度、串联和管理。通过 SDLC 平台记录与展示项目不同阶段安全工作的内容及结果：在研发阶段，哔哩哔哩将数据安全和隐私保护措施纳入产品和服务的开发中，从源头保障数据和信息安全；在产品上线后，SDLC 平台帮

助哔哩哔哩根据应用变更进行自动化安全测试,及时生成安全检测报告,实时监控数据安全。

②威胁情报平台。自研的威胁情报平台主要用于收集互联网公开的 IP 黑名单、CVE 漏洞、数据泄露等威胁情报,并进行安全事件统一管理,包括情报发现、排查记录、闭环处置流程等,为哔哩哔哩提供多种类型的威胁情报,用于内部安全平台告警检测、漏洞应急以及入侵与攻击模拟,有效提升哔哩哔哩对安全突发事件的主/被动防御能力,以及事件发生后的协同处理能力。

(4) 隐私保护

哔哩哔哩重视数据隐私保护,建立了隐私保护八项原则,并从制度合规性、用户权益性及技术全面性三大维度入手,践行隐私保护原则,为用户打造安全放心的使用环境。此外,哔哩哔哩也着力于保护 UP 主隐私,坚持双重个人信息保护机制,通过针对个人信息与隐私保护的投诉举报处理专项渠道,为 UP 主提供闭环式的全方位保护。

3. 保护自然环境与资源责任的履行

(1) 应对气候变化

当今,气候变化问题对全球构成了巨大挑战,成为全球共同面对的重要议题。哔哩哔哩积极响应国家"双碳"目标,遵循气候相关财务披露工作组(TCFD)的相关披露建议,开展气候变化的风险和机遇的识别与评价,不断探索应对气候变化的行动方案,通过自身行动带动产业链上下游共同应对挑战。

在治理层面,哔哩哔哩搭建了由董事会、ESG 委员会、ESG 工作组组成的气候变化管治架构,分别负责对气候变化的日常工作进行监督、统筹和落实。同时,气候变化相关的成果作为 ESG 工作组的考核指标纳入其薪酬体系,以确保气候相关风险和机遇的识别及评估工作顺利、有序地开展。

在战略层面,哔哩哔哩对气候相关风险和机遇展开分析,持续调整、回顾和更新业务发展战略,建立应对气候变化的短期、中期和长期管理策略和行动举措,助力集团更好地应对气候变化所带来的潜在风险。短期管理策略和行动举措是开展风险评估和财务预测,并规划未来短期内的管理策略部署,包括短期内应对气候变化的具体措施；中期管理策略和行动举措是制定中期规划，以确保气候管理策略符合政策趋势、市场发展、用户需求等因素；长期管理策略和行动举措是设立长期气候管理战略，明确公司应对气候变化的意义和行动方向。

在风险管理层面，哔哩哔哩将气候风险纳入集团风险管理体系中，识别、评估和管理与气候变化相关的风险和机遇。2023年，哔哩哔哩识别了不同时间维度的实体风险和转型风险，以及与能源、产品和服务有关的机遇。其中，实体风险包括急性和慢性风险，转型风险包括政策、法律、技术、市场和声誉风险。

（2）坚持绿色运营

哔哩哔哩始终坚守对环境保护的承诺，严格遵守运营地区的相关环保法律和法规，并对环境保护工作采取规范化管理措施，具体从办公运营、配送运输和业务开展等环节入手，积极开展节能降碳行动举措。

①绿色办公。主要举措有：上线物业管理系统，将物业管理、行政服务、设备维护等进行集成化、一体化管理，提升效率，降低运营碳排放；增设办公区域之间的接驳车，减少员工私家车使用，降低通勤过程中产生的碳排放；优先选用如节能空调和采暖设备等高效能源设备；建立能耗监控系统，每月追踪和管理各运营地点的能耗。

②绿色包装。主要举措有：开发专用于会员购业务的纸箱尺寸优化工具，并采用轻质、环保、可再生的包装材料，减少配送过程中的碳排放；通过促进资源的节约和回收再利用，进一步降低废物处理环节的碳足迹。

③绿色算力。主要举措有：通过节能技术改造和精细化运营管理降低数据中心PUE和单位算力能耗，例如建设光伏设施、优化柴油发电机水套加热运行装置及末端空调运行等；深度参与绿色数据中心技术标准及白皮书编写工作，为新一代绿色技术的普及和应用提供指导与支持；开展数据中心的碳盘查工作，为制订系统温室气体减排计划提供基础、客观的数据和信息支撑。

（3）传播绿色理念

哔哩哔哩充分利用自身平台影响力及视频内容特色，以更容易被年轻人接受的方式传递尊重自然、爱护自然的绿色理念。2023年全年，哔哩哔哩与环保、低碳、垃圾分类等相关的视频播放量已达126亿次，同比增长34%。

案例专栏 7

通过增强亲社会动机扩大 PCSR 对消费者企业认同的影响
——以小米为例

一、企业简介

小米科技有限责任公司（以下简称"小米"）于 2010 年在开曼群岛注册成立，其公司经营业务覆盖智能硬件、电子产品、芯片研发、智能手机、智能电动汽车、通信、金融、互联网电视及智能家居生态链建设，是一家全球化移动互联网企业和创新型科技企业。成立之初，小米以销售智能手机为主要业务，为"发烧而生"是小米的产品概念，最初的宗旨和企业愿景是让更多的普通人用上智能手机，所以其公司产品的定价相对较低。小米公司应用互联网开发模式开发产品，用极客精神做产品，用互联网模式去掉中间环节，致力让全球每个人都能享用来自中国的优质科技产品。自 2015 年起，小米开始深化互联网领域的多元化发展，在经营主营业务的同时，积极开拓市场，寻找发展机会。时至今日，小米不仅在手机市场上取得了成功，还在智能家居市场获得了一席之地。随着公司的持续发展，小米逐渐形成了其独特的"铁人三项"商业模式，其商业模式由硬件、互联网服务和新零售三个部分组成，致力于效率的提升与运营成本的降低，同时把效率与成本优化所产生的价值回馈给消费者。

经过十余年的发展，小米已进入全球 100 多个国家和地区，是全球第三大智能手机制造商、全球第五大电视制造商、全球第五大平板电脑制造商、全球最大消费级智能物联网平台，同时也是全球以及中国区增速最快的智能手机品牌。小米系投资的公司超 500 家，覆盖智能硬件、生活消费用品、教育、游戏、社交网络、文化娱乐、医疗健康、汽车交通、金融等领域。迄今为止，小米已建成全球最大的消费类 AIoT 物联网平台，拥有超过 420 个生态链。小米旗下成立和控股的公司数量总计 400 多家，员工 33000 余人。现阶段小米公司发展稳定，在市场份额、营业创收方面均有一定优势。2018年，小米在香港证券交易所主板挂牌上市。

二、企业发展历程

2010年4月，小米公司成立；8月，推出MIUI；12月，发布米聊Android内测版。

2011年7月，小米创始人团队亮相，宣布进军手机市场，揭秘旗下MIUI、米聊、小米手机3款产品；8月，小米社区上线；12月，小米手机1正式发布。

2012年6月，小米公司完成新一轮2.16亿美元融资；8月，发布小米手机第二代，销量突破300万，年销售额突破10亿元。

2013年5月，发布MIUI V5，MIUI用户突破1000万；8月，小米完成新一轮融资，估值达100亿美元。

2014年7月，小米开始进军印度市场；10月，小米超越联想公司和LG公司，一跃成为全球第三大智能手机制造商，仅次于三星公司和苹果公司；11月，小米携手顺为资本以18亿元入股爱奇艺；12月，小米以12.7亿元入股美的集团，同月完成新一轮融资，总融资额为11亿美元，公司估值450亿美元。

2015年1月，小米将通过其全资附属公司，以5.27亿港元（约合人民币4.23亿元）的价格从腾讯手中购买金山软件2.98%股份；8月，进军互联网券商，领投老虎证券。

2016年3月，小米在北京发布全新的生态链品牌mijia（米家），专门承载小米供应链产品；6月，小米与微软进一步扩展全球合作伙伴关系，作为合作协议的一部分，小米将在其安卓智能手机和平板电脑上预装微软Office和Skype。

2017年7月，小米宣布和诺基亚签署一份商务合作协议及一份多年有效的专利许可协议，其中包括将在移动网络的标准必要专利方面实现交叉授权，同时收购部分诺基亚专利资产；8月，小米超越苹果、Fitbit等知名厂商，成为智能可穿戴设备领域的全球第一。

2018年7月，小米在香港证券交易所正式挂牌上市；11月，小米武汉总部项目在光谷正式开工，项目紧邻东湖高新区政务中心，定位建成"超大研发总部"，未来业务将围绕人工智能、新零售、国际化、互联网金融等核心领域展开。

2019年1月，小米战略入股TCL集团；3月，启动手机+AIoT双引擎战略。

2020年2月，小米入围2020全球百强创新名单，AI等专利位于全球前列；8月，上榜2020年《财富》世界500强，位列第422位。

2021年3月，以2.05亿美元价格收购紫米公司50.09%的股份；小米正式进入智能电动车领域；11月，小米战略投资尚美生活集团；小米公益平台正式上线，聚焦于教育助学、紧急救援、乡村振兴等慈善捐赠领域。

2022年6月，小米成立了珠海芯试界半导体科技有限公司；7月，上榜2022年《财富》中国500强排行榜，位列第39位；8月，2022年《财富》世界500强排行榜，小米集团排在第266名。

2023年1月，小米成为首批上线数字人民币无电支付的手机厂商；8月，投资AR显示技术公司睿维视；9月，华为和小米宣布达成全球专利交叉许可协议，该协议覆盖了包括5G在内的通信技术；12月，小米与纯米签订战略合作协议。

2024年1月，小米与中央广播电视总台正式达成全国首个"人车家全生态"战略合作；3月，小米举行发布会，正式发布小米SU7，新车定位于"C级高性能生态科技轿车"。

三、平台型企业社会责任的履行

（一）社会公益责任的履行

1. 支持教育

小米作为以科技为基础的创新型企业，希望通过主动发挥在科技、智能制造、人工智能等领域的积累，助力社会科技人才的成长。例如，通过"小米奖助学金"项目资助品学兼优或家境贫困的学生；启动了"小米青年学者"项目资助高校青年教师与科研人员，鼓励在科技领域有创造力的年轻人潜心从事科研与教学工作。

（2）紧急救援

小米通过小米公益基金会参与境内外自然灾害救援活动，如为四川地震救援、重庆山火扑救等自然灾害救援工作捐赠物资；小米印度公司向1000多个受阿萨姆邦洪水灾害影响的家庭捐赠了4吨食物与卫生用品等物资。

（3）乡村振兴

人才振兴是乡村振兴的基础。小米始终致力于利用自身科技实力助力科技人才的发展。自2018年以来，小米通过学业资助和技术课程支持，与地方院校合作培养管理与科技人才，助力人才振兴。

2. 维护消费者正当权益责任的履行

（1）数据安全与隐私保护

透明的数据管理是构建用户信任的基础，保护用户的数据隐私始终是小米的核心价值观之一。基于全球隐私框架（如经合组织、亚太经合组织发布的框架）和隐私法律（如《中华人民共和国个人信息保护法》、GDPR、LGPDCCPA/CPRA）中包含的核心原则，小米制定了隐私政策，并不断更新与完善，努力构建用户可信赖的隐私管理系统，并打造更为安全与更加透明的人工智能。

①安全管理架构。为保护用户的数据安全与隐私，小米设立了数据安全与隐私委员会负责统筹管理数据安全与隐私保护工作，商议、审批数据安全与隐私保护相关的制度和规范，参照相关制度对业务的数据安全与隐私保护风险进行评估并给予相应指导建议。董事会定期对数据安全与隐私保护相关风险、应对措施与措施成效进行审阅，并提出相应管理建议。此外，委员会每月向董事会进行一次关于集团安全隐私体系运营相关情况的汇报，协助董事会管理集团面临的安全隐私风险。

②安全控制措施。小米已建立数据安全与隐私事件响应工作机制，以规范数据安全与隐私保护事件分类、上报和通知流程。此外，小米还设置了公开的隐私问题反馈通道，面向包括用户、员工、合作伙伴、公众等人群。

③产品隐私功能提升。MIUI14推出了多项功能，采用端侧隐私技术，让敏感数据尽可能在本地计算，提升产品隐私安全性，主要包括：端侧文字识别功能支持无网识别文字，通过本地计算，文字识别和提取的全过程在本地完成，无须通过互联网上传数据至云端，最大程度保护用户敏感数据；在视频会议中，英语语音实时转换为中文字幕的全过程进行本地识别，做到零数据上传；最大程度尊重用户自主选择权，除电话、短信、联系人等基础应用不可卸载外，其他系统应用均可自由卸载。

（2）循环经济与电子废弃物

小米十分重视产品生命周期末端的管理，努力从产品设计与生产、再利用、产品寿命、回收与报废等环节入手，促进电子废弃物的减少以及循环经济的发展。小米一直遵循全球各运营所在地对于电子废弃物的法律法规与要求，努力了解适应当地的电子废弃物回收生态，从最佳解决方案的角度出发，持续引入更全面的电子废弃物管理渠道和方式，以履行小米在产品生命周期末端管理方面的承诺。

①延长产品寿命。小米在产品选材时即考虑材料的耐用性，例如开发了坚固耐磨的陶瓷材料与耐磨耐用、防污防霉、耐酸碱的有机硅素皮材料应用于多款智能手机产品。在防尘、防水、跌落等测试中，小米制定了高于国际标准的实验标准。

②减少有害物质。小米严格管理产品生产过程中可能产生的有害物质，在提升产品回收效率的同时，严格遵守《关于限制在电子电气设备中使用某些有害成分的指令》（RoHS）、《化学物质的注册、评估、授权和限制》（REACH）、《包装和包装废弃物指令》（94/62/EC）等对于产品与其包装中有害成分和化学物质加以限制的境内外法律法规，为大众提供安全有保障且环境友好的产品。

3. 保护自然资源和环境责任的履行

小米制定了由上至下的气候战略，以严格的温室气体检查、设置有效的温室气体减排目标和采用清洁科技手段降低温室气体排放以及扩大正向环境影响作为实现目标的主要路径。

（1）制定气候环境战略

作为一家全球化的创新型科技企业，小米善于通过技术创新和高效率模型提供解决方案，其系统地思考如何将低碳特性与小米的战略与品牌进行结合，持续开发和优化环境友好的科技和产品，不断在推动世界向零碳过渡的道路上取得令人鼓舞的进展。

小米基于对全球净零目标实现路径的理解，通过产品的效用、价格和环境足迹三方面考量产品及服务的"低碳幸福感"，形成了小米的"零碳哲学"。为了达成帮助用户提高"低碳幸福感"的目标，小米在专注于提高产品效用和确保产品的经济适用性的同时，努力降低产品与服务的环境足迹，最终实现人人可以获得负担得起的清洁科技。小米已围绕手机业务创建了适用于广泛应用场景的智能互联生态，并将持续以此为基础，探索多设备、多场景的低碳技术应用，促进绿色生活与低碳社会的转型，创造气候正效益。

（2）清洁技术研发与产品应用

产品使用阶段能源消耗产生的碳排放是小米碳足迹的重要来源之一，产品能效亦会影响用户的产品使用体验。因此，小米在每项产品的设计之初便设立积极的能效目标，小米工程师在研发初期从软硬件的系统工程入手，全方位寻找能效提升机会。此外，小米持续针对全品类产品和包装在用料、制造、运输、使用和末端处理等环节减少碳排放。

在清洁技术研发方面，小米以"高效、快速、无损"为目标持续在提高产品能效方面投入研发资源，开发了5G与信息传输省电技术、屏幕省电技术、智能省电技术和低耗能的人工智能（AI）。

在清洁科技应用方面，小米推出便携新能源产品米家太阳能板，应用金属穿孔卷绕（Metal Wrap Through，MWT）技术，实现较高的能量转换率，与米家户外电源1000 Pro搭配使用，实现用户在户外进行能源取用及能源储备。近年来，小米持续探索包装绿色创新的方式，以不断减少包装中资源的使用。例如，蓝牙耳机Necklace系列外壳包装全纸化，替代原先塑料包装，包装纸均用竹浆与甘蔗浆制成，做到100%可降解；将生态链产品包装由插底盒变更为平口箱，平均每款产品减少包装纸张使用面积约0.3平方米，同时新包装省去了塑料提手，单体约减少80克塑料使用。

（3）绿色运营

小米持续在节能、节水、减少废弃物排放等方面采取措施，以提高资源使用效率和减少污染物排放。根据集团的运营情况，结合法律法规要求，小米不断完善运营环境相关管理制度。

①运营能耗管理。小米按照ISO 50001建立了能源管理体系。通过更广泛地应用太阳能设施，选用光感灯具，完善空调运行管理策略，调整制冷机房换热站及电梯机房温控策略等措施，减少自身运营的能耗和温室气体排放。

②提高建筑物的能源效率。小米关注建筑物中的能源消耗，持续在现有建筑物中寻找提升能源效率的机会，根据当地条件和建筑用途设计更绿色的施工方案。小米以获得国际主流绿色建筑标准认证为目标，不断提高建筑物整体环境效益，并推动建筑能效提升项目的开展。北京小米科技园作为小米重要的办公园区，已获得LEED铂金奖和中国绿色建筑评价标识两星级证书。在新建建筑物方面，以集团在建的江苏南京园区为例，园区秉承与城市共融、提升社会价值的现代建筑设计理念，广泛采用低能耗设备和高能效技术，并配有可调节的新风设备和空调机组，有效提高了运营阶段的能源使用效率。同时，建筑外幕墙采用双银Low-e玻璃环保材料，使建筑外墙具有良好的隔热效果和透光性，彰显了整体生态绿色格调。

③水资源管理。小米致力于通过在运营中实施可持续的水管理，以保护、支持其经营所在流域的水安全和生态系统，并持续通过创新科技使安全洁净的水资源经济、易得。对于运营中产生的废水，小米遵循运营地法律法规要求进行处理，以确保水安全。依据国际可持续水管理标准（AWS），小米建立了水管理体系，以评估水相关风险及挑战，同时制定了目标及行动计划，并逐年检视结果。

④废弃物管理。小米对运营产生的废弃物进行分类收集与再利用，通过有资质的第三方进行处置，确保废弃物得到妥善处理。同时，通过张贴环保标识

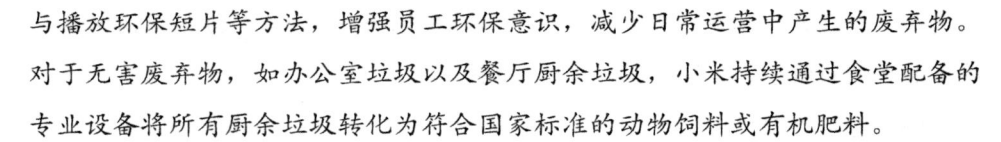

与播放环保短片等方法，增强员工环保意识，减少日常运营中产生的废弃物。对于无害废弃物，如办公室垃圾以及餐厅厨余垃圾，小米持续通过食堂配备的专业设备将所有厨余垃圾转化为符合国家标准的动物饲料或有机肥料。

（4）绿色物流

建立绿色高效的物流体系是简化全价值链产品流通的重要环节，也是降低运营能源消耗和产品全生命周期碳排放的重要支柱之一。小米通过管理手段优化和智能物流系统的应用，提升运输车辆的满载率并整合优化了运输路径，在保证物流交付质量的同时，注重物流过程中的环境友好和资源节约。具体措施如下：增加自有仓库到门店的直发路线，减少中间转运环节，减少运输产生的二氧化碳排放；引入智能化运输管理技术，对于装载率低的情况进行实时调整，使中小件产品运输满载率保持在75%以上；对于智能电视类产品推行体积更小的纸滑托盘替代木托盘的包装运输方式，使车辆满载率提升约20%；鼓励承运商使用新能源车辆，协助承运商研究新能源车辆替换方案；对海外产品物流运输模式进行调整，包括由碳排放较高的航空运输转变为铁路或海路运输、减少木质托盘使用等。

附录：平台型企业社会责任对消费者伦理行为影响研究调查问卷

尊敬的女士/先生：

您好！我是一名即将毕业的学生，正在完成关于平台型企业社会责任对消费者伦理行为的影响的毕业论文研究。本次调查采用匿名方式，调查数据只用于学术研究，我承诺严格保密，保证任何时候都不公开您的信息，麻烦您抽出一点儿宝贵的时间填写这份问卷。您提供的每一个信息对我的研究都非常重要，感谢您的支持和帮助！

注意：如果您决定参与此次调查，希望您能根据自己的真实想法，耐心地将整份问卷填写完，以保证数据真实有效。即使遗漏一个问题，问卷也有可能作废。

感谢您的大力支持！

1. 您的性别：
（　　）男　　（　　）女
2. 您的年龄：
（　　）20岁及以下　（　　）21~30岁　（　　）31~40岁
（　　）41~50岁　（　　）51岁及以上
3. 您的学历：
（　　）高中及以下　（　　）专科　（　　）本科　（　　）硕士及以上

4. 您的职业：

（　）学生　　（　）企业单位工作人员　（　）事业单位工作人员
（　）自由职业者　（　）无职业者

5. 您使用频率最高的网购平台：

（　）京东　　（　）淘宝　　（　）拼多多
（　）抖音　　（　）其他

请以您选择的使用频率最高的网购平台为例，按照您对相应平台企业的了解及自身实际情况，对以下该企业的情况进行评价，在选项中选择与您的情况最接近的一项。

第一部分：平台型企业社会责任（请在对应的数字上打钩）

变量	编号	题项	1= 完全不赞同 5= 完全赞同				
社会公益	RSW1	该平台企业积极参与社会捐赠	1	2	3	4	5
	RSW2	该平台企业积极参与社会公共基础设施建设	1	2	3	4	5
	RSW3	该平台企业通过设立助学基金会、捐献爱心教室等来支援教育事业	1	2	3	4	5
	RSW4	该平台企业支援发展落后地区建设，以促进该地区发展	1	2	3	4	5
社会经济	RSE1	该平台企业有效率地提供质量合格的产品和服务	1	2	3	4	5
	RSE2	该平台企业有利于促进国家和地方经济高质量发展	1	2	3	4	5
	RSE3	该平台企业强调技术创新，坚持可持续发展	1	2	3	4	5
促进社会稳定与进步	RSS1	该平台企业弘扬爱国主义精神，积极传播正能量	1	2	3	4	5
	RSS2	该企业支持文化科教事业，有利于国家科教兴国战略实施	1	2	3	4	5
	RSS3	该企业积极开展校园和社会招聘，有利于缓解就业问题	1	2	3	4	5

续表

变量	编号	题项	1= 完全不赞同　5= 完全赞同				
维护消费者正当权益	RSC1	该平台企业不擅自泄露或非法使用顾客个人信息	1	2	3	4	5
	RSC2	该平台企业能迅速处理顾客抱怨、投诉	1	2	3	4	5
	RSC3	该平台企业能及时、快速处理退货事件	1	2	3	4	5
	RSC4	该平台企业向顾客传达真实的企业或产品信息	1	2	3	4	5
保护自然环境与资源的行为	RER1	该平台企业避免对环境产生污染的生产和经营行为	1	2	3	4	5
	RER2	该平台企业致力于生产和经营环保型产品与服务	1	2	3	4	5
	RER3	该平台企业积极参与环境的保护与治理	1	2	3	4	5

第二部分：消费者企业认同（请在对应的数字上打钩）

变量	编号	题项	1= 完全不赞同　5= 完全赞同				
消费者企业认同	CEI1	我会关注该企业相关信息和发展状况	1	2	3	4	5
	CEI2	我有兴趣知道别人对该企业的一些看法	1	2	3	4	5
	CEI3	当有人赞赏该企业时，我会觉得开心	1	2	3	4	5
	CEI4	当有人批评该企业时，我心里会觉得不舒服	1	2	3	4	5
	CEI5	我会向其他人传播该企业的正面信息，同时会抵触不利于该企业的负面信息	1	2	3	4	5

第三部分：感知质量（请在对应的数字上打钩）

变量	编号	题项	1= 完全不赞同　5= 完全赞同				
感知质量	PPQ1	该企业销售的产品质量符合质量标准	1	2	3	4	5
	PPQ2	该企业销售的产品性能很好	1	2	3	4	5
	PPQ3	该企业销售的产品值得信赖	1	2	3	4	5
	PPQ4	该企业销售的产品用起来很方便	1	2	3	4	5

续表

变量	编号	题项	1= 完全不赞同 5= 完全赞同
感知质量	PLQ1	该企业能够按承诺发送订单	1 2 3 4 5
	PLQ2	该企业的产品会在合理的期限内交付	1 2 3 4 5
	PLQ3	该企业能够很快发货	1 2 3 4 5
	PLQ4	该企业不会发错货	1 2 3 4 5
	PLQ5	该企业在配送产品上做出了准确的承诺	1 2 3 4 5

第四部分：消费者伦理行为（在该购物平台消费的过程中，您实施下列行为的可能性有多大？请选择一个您认为最符合的选项，并在相应的数字上打钩）

变量	编号	题项	1= 完全可能 5= 完全不可能
非法获益行为	AI1	我会出于泄愤在网上滋事（如煽动情绪、进行网上攻击等）	1 2 3 4 5
	AI2	我会以恶评、发帖攻击等手段要求网上商家退货与赔偿	1 2 3 4 5
	AI3	我会收到货物却谎称没有收到而要求赔偿或补货	1 2 3 4 5
主动获益行为	AB1	我会把自身不当行为导致的商品问题推卸给卖家	1 2 3 4 5
	AB2	我会在网络调查中对购物平台进行恶意投票	1 2 3 4 5
	AB3	我会给予该购物平台上的商家恶意差评	1 2 3 4 5
被动获益行为	PB1	我发现店主或系统少算了应付金额时选择不告知店家	1 2 3 4 5
	PB2	我收到网店多发的商品时选择默默收下	1 2 3 4 5
	PB3	我收到价格更高的商品时选择不告知店家	1 2 3 4 5
无伤害行为	NH1	我会在没有购物意愿的情况下与客服交谈	1 2 3 4 5
	NH2	我会在提交订单后随意取消	1 2 3 4 5
	NH3	在该购物平台消费的过程中我会使用不文明用语	1 2 3 4 5

第五部分：亲社会动机（请在对应的数字上打钩）

变量	编号	题项	1= 完全不赞同 5= 完全赞同				
亲社会动机	PM1	我希望自己的行动对他人有益	1	2	3	4	5
	PM2	我希望用行动帮助他人	1	2	3	4	5
	PM3	我想对他人有好的影响	1	2	3	4	5
	PM4	通过行动为他人做贡献对我来说很重要	1	2	3	4	5

参考资料

[1] Waddock S A, Graves S B. The corporate social performance financial performance link[J]. Strategic Management Journal,1997,18(4):303-319.

[2] Hoivik H W, Shankar D. How can SMEs in a cluster respond to global demands for corporate responsibility? [J]. Journal of Business Ethics,2015,108(2):175-195.

[3] Aguinis H G, Glavas A. What we know and don't know about corporate social responsibility: A review and research agenda[J]. Journal of Management,2012,38(4):932-968.

[4] Chang M S. Equilibrium analysis and corporate social responsibility for supply chain integration[J]. European Journal of Operational Research,2008,190(1):116-129.

[5] Parker G, Alstyne M V. Platform revolution[M]. New York: W. W. Norton & Company,2016.

[6] Stabell C B,Fjeldstad D.Configuring value for competitive advantage:On chains, shops and networoks[J].Strategic Management Journal,1998(5):413-437.

[7] Sheldon B A. The social responsibility of management[M]. London: Pitman London: Sir Isaac Pitman and Sons,1924.

[8] Bowen H R, Johnson F E. Social responsibility of the businessman[M].New York:Harper,1953.

[9] Carroll A B. A three dimensional conceptual model of corporate social performance[J]. The Academy of Management Review,1979, 4:497-506.

[10] Parker G G, Alstyne M V. Two-sided network effects: A theory of information product design[J]. Management Science,2005, 51(10):1494-1504.

[11] Laura A, Sandra W.Networked CSR governance: A whole network approach to meta governance[J]. Business & Society,2018, 57(10) :636-675.

[12] Woo H, Jin B. Culture doesn't matter? The impact of apparel companies' corporate social responsibility practices on brand equity[J].Clothing & Textiles Research Journal,2016,34(1):20-36.

[13] Modic S J. Movers and shakers [J]. Industry Week,1988.

[14] Muncy J A, Vitell S J. Consumer ethics: An investigation of the ethical beliefs of the final consumer [J]. Journal of Business Research, 1992,24(4):297-311.

[15] Hoffmann S, Hutter K. Carrotmob as a new form of ethical consumption:The nature of the concept and avenues for future research [J]. Journal of Consumer Policy,2012, 35(2):215-236.

[16] Erffmeyer R C, Keillor B D , LeClair D T. An empirical investigation of Japanese consumer ethics[J]. Journal of Business Ethics,1999, 18(1):35-50.

[17] Vitell S J ,Lumpkin J R , Rawwas M Y A. Consumer ethics:An investigation of the ethical beliefs of elderly consumers[J]. Journal of Business Ethics,1991,10(5):365-375.

[18] Swaidan Z , Vitell S J , Rawwas M Y A.Consumer ethics:Determinants of ethical beliefs of African Americans[J]. Journal of Business Ethics,2003,46(2):175-188.

[19] Rallapalli K C, Vitell S J, Barnes W J H. Consumer ethical beliefs and personality traits: An exploratory analysis [J]. Journal of Business Ethics,1994, 13(7):487-495.

[20] Oyserman D, Coon H M, Kemmelmeier M. Rethinking individualism and collectivism: Evaluation of theoretical assumptions and meta-analyses. [J]. Psychological Bulletin,2002, 128(1):3-72.

[21] Huang C C, Lu L C. Examining the roles of collectivism, attitude toward business, and religious beliefs on consumer ethics in China[J]. Journal of Business Ethics,2016, 146(4):1-10.

[22] Haidt J, Koller S H, Dias M G. Affect, culture, and morality, or is it wrong to eat your dog? [J]. Journal of Personality and Social Psychology,1993, 65(4):613-628.

[23] Rawwas M Y A. Culture personality and morality:A typology of international consumers' ethical beliefs[J].International Marketing Review,2001,18(2):188-205.

[24] Sarwono S S, Armstrong R W. Micro cultural differences and perceived ethical problems:An international business perspective[J].Journal of Business Ethics,2001,30(1): 41-56.

[25] Bossuyt S, Kenhove P V, Bock T D. A dirty store is a cost forever: The harmful influence of disorderly retail settings on unethical consumer behavior [J]. International Journal of Research in Marketing,2016, 33(1):225-231.

[26] Bossuyt S, Vermeir I, Slabbinck H, et al. The compelling urge to misbehave: Do impulse purchases instigate unethical consumer behavior? [J]. Journal of Economic Psychology,2017, 58:60-76.

[27] Albers Miller, Nancy D. Consumer misbehavior: Why people buy illicit goods [J]. Journal of Consumer Marketing,1999, 16(3):273-287.

[28] Gentina E, Shrum L J, Lowrey T M, et al. An integrative model of the influence of parental and peer support on consumer ethical beliefs: The mediating role of self-esteem, power, and materialism[J]. HEC Research Papers Series,,2018.

[29] Sudburyriley L, Kohlbacher F. Ethically minded consumer behavior: Scale review, development, and validation[J]. Journal of Business Research,2016, 69(8):2697-2710.

[30] Vitell S J, Muncy J. Consumer ethics: An empirical investigation of factors influencing ethical judgments of the final consumer[J]. Journal of Business Ethics, 1992, 11(8):585-597.

[31] Vitell S J, Muncy J. The Muncy-Vitell consumer ethics scale: A modification and application[J]. Journal of Business Ethics,2005,62(3):267-275.

[32] Vitell S J, Singh J J, Paolillo J G P. Consumers' ethical beliefs: The roles of money, religiosity and attitude toward business [J]. Journal of Business Ethics,2007, 73(4):369-379.

[33] Chan A, Wong S, Leung, P. Ethical beliefs of Chinese consumers in Hong Kong[J]. Journal of Business Ethics,1998, 17(11): 1163-1170.

[34] Mohr L A, Webb D J. The effects of corporate social responsibility and price on consumer

responses[J]. Journal of Consumer Affairs,2005, 39(1):121-147.

[35] Folkes V S, Kamins M A. Effects of information about firms'ethical and unethical actions on consumers' attitudes [J]. Journal of Consumer Psychology,1999, 8(3):243-259.

[36] Carrigan M, Attalla A. The myth of the ethical consumer do ethics matter in purchase behaviour ?[J]. Journal of Consumer Marketing,2001, 18(7):560-578.

[37] MercadéMelé P, FandosHerrera C, VelascoGómez S. How corporate social responsibility influences consumer behavior: An empirical analysis in the Spanish agrifood sector[J]. Agribusiness,2021,37(3).

[38] Sen S, Bhattacharya C B. Does doing good always lead to doing better? Consumer reactions to corporate social responsibility[J]. Journal of Marketing Research,2001, 38(2):225-243.

[39] Mehrabian A, Russell J A. An approach to environmental psychology[M]. MIT,1974.

[40] Dutton J E, Dukerich J M, Harquail C V. Organizational images and member identification[J]. Administrative science quarterly,1994: 239-263.

[41] Bhattacharya C B, Sen S. Consumer company identification: A framework for understanding consume. [J] Journal of Marketing,2003:76-88.

[42] Garvin D A.Product quality:An important strategic weapon[J]. Business Horizons,1984,27(03):0-43.

[43] Parasuraman A,Zeithaml V A,Berry L L.Servqual:A multiple-Item scale for measuring consumer perceptions of service quality[J].Journal of Retailing,1988.

[44] Hur W M, Moon T W, Kim H. When and how does customer engagement in CSR initiatives lead to greater CSR participation? The role of CSR credibility and customer-company identification[J]. Corporate social responsibility and environmental management,2020(4):27.

[45] Bagozzi R P, Bergami M. Antecedents and consequences of organizational identification and the homological validity of the Bergami and Bagozzi scale[D]. Houston:Rice University, 2002.

[46] Wongpitch S, Minakan N, Powpaka S, et al. Effect of corporate social responsibility

[47] motives on purchase intention model: An extension[J]. Kasetsart Journal Social Sciences,2016, 37(1):30-37.

[47] Garvin D A. What does "product quality" really mean?[J]. MIT Sloan Management Review,1984, 26(1):25-43.

[48] Valarie A, Zeithaml. Consumer perceptions of price, quality, and value: A means end model and synthesis of evidence[J]. Journal of Marketing,1988，52（3）：2-22.

[49] Grant A M. Does intrinsic motivation fuel the prosocial fire? Motivational synergy in predicting persistence, performance, and productivity [J]. Journal of Applied Psychology,2008, 93(1): 48.

[50] Grant A M, Mayer D M. Good soldiers and good actors: Prosocial and impression management motives as interactive predictors of affiliative citizenship behaviors [J]. Journal of Applied Psychology,2009, 94(4): 900.

[51] Kline R B. Principles and practice of structure equation modeling[M].New York:The Guilford Press,1998: 145-153

[52] Zhang J A, Edgar F, Geare A, et al. The interactive effects of entrepreneurial orientation and capability-based HRM on firm performance: The mediating role of innovation ambidexterity[J]. Industrial Marketing Management, 2016, 59: 131-143.

[53] Lai C S,Chiu C J,Yang C F,et al.The effects of corporate social responsibility on brand performance: The mediating effect of industrial brand equity and corporate reputation[J]. Journal of Business Ethics, 2010, 95(3):457-469.

[54] Tabachnick B G, Fidell L S. Using multivariate statistics [M]. Needham Height, MA: Allyn & Bacon,2007.

[55] Hayes A R. Introduction to mediation, moderation, and conditional process analysis: A regression based approach[M]. New York: The Guilford Press, 2017.

[56] 肖红军，阳镇，姜倍宁．平台型企业发展："十三五"回顾与"十四五"展望 [J]．中共中央党校（国家行政学院）学报，2020，24（06）：112-123.

[57] 侯海青．消费者伦理消费行为及推进策略探讨 [J]．中国管理信息化，2015，18（21）：

144-146.

[58] 康萍. 平台企业社会责任视角下消费者非伦理行为的治理研究 [D]. 武汉：武汉理工大学，2020.

[59] 谢骞. 平台企业社会责任对消费者购买意愿的影响研究 [D]. 杭州：杭州电子科技大学，2022.

[60] 高文燕. 乳制品企业社会责任对消费者购买意愿的影响研究 [D]. 哈尔滨：黑龙江大学，2018.

[61] 宋东辉. 企业内部责任感知对消费者购买意愿的影响研究 [D]. 广州：广东财经大学，2018.

[62] 邓新明，龙贤义. 企业社会责任公司评价与消费者响应 [J]. 中南财经政法大学学报，2017（05）：126-136.

[63] 辛杰，屠云峰，张晓峰. 平台企业社会责任的共生系统构建研究 [J]. 管理评论，2022，34（11）：218-232.

[64] 蒋天旭. 企业社会责任与绩效关系的实证检验 [J]. 统计与决策，2019，35（19）：167-171.

[65] 李正. 企业社会责任与企业价值的相关性研究——来自沪市上市公司的经验证据 [J]. 中国工业经济，2006（02）：77-83.

[66] 肖红军. 平台化履责：企业社会责任实践新范式 [J]. 经济管理，2017，39（03）：193-208.

[67] 辛杰，吴创，刘欣瑜，等. 量子范式下平台企业社会责任的共生演进与场景化实践 [J]. 管理学报，2023，20（04）：502-511.

[68] 张丹宁，唐晓华. 网络组织视角下产业集群社会责任建设研究 [J]. 中国工业经济，2012（3）：82-94.

[69] 肖红军，李平. 平台型企业社会责任的生态化治理 [J]. 管理世界，2019，35（04）：120-144+196.

[70] 肖红军，阳镇. 平台企业社会责任：逻辑起点与实践范式 [J]. 经济管理，2020，42（04）：37-53.

[71] 朱晓娟,李铭.电子商务平台企业社会责任的正当性及内容分析[J].社会科学研究,2020(01):28-36.

[72] 李广乾,陶涛.电子商务平台生态化与平台治理政策[J].管理世界,2018,34(06):104-109.

[73] 阳镇.平台型企业社会责任:边界、治理与评价[J].经济学家,2018(05):79-88.

[74] 李英.平台型企业社会责任、舆论环境与企业绩效研究[D].济南:济南大学,2020.

[75] 苏明明,叶云.平台企业社会责任治理研究:内涵、动因与模式[J].财会月刊,2022(19):135-143.

[76] 阳镇,许英杰.平台经济背景下企业社会责任的治理[J].企业经济,2018,37(05):78-86.

[77] 浮婷,王欣.平台经济背景下的企业社会责任治理共同体——理论缘起、内涵理解与范式生成[J].消费经济,2019,35(05):77-88.

[78] 易开刚,黄慧丹.平台经济视阈下企业社会责任多中心协同治理模式研究——基于平台型企业视角双案例的研究[J].河南社会科学,2021,29(02):1-10.

[79] 岳鹄,刘汉文,衷华,等.基于演化博弈的小微平台社会责任问题协同治理研究[J].工业工程,2022,25(05):143-152.

[80] 曹倩,杨林.平台型企业社会责任治理的国际经验借鉴与政策体系构建[J].经济体制改革,2021(03):174-179.

[81] 王晨阳.我国平台型企业社会责任治理研究——基于双边视角[J].商业经济,2021(08):122-124.

[82] 高亚林.平台企业社会责任的二元体系及风险成因[J].人民论坛·学术前沿,2020(12):108-111.

[83] 陈俊龙,王英楠.平台型企业社会责任多元治理研究[J].现代管理科学,2021(07):74-82.

[84] 胡英杰,郝云宏,陈伟.互联网平台企业与传统制造企业社会责任差异研究——基于构建双循环新发展格局背景分析[J].重庆大学学报(社会科学版),2021:1-12.

[85] 刘凤军,孔伟,李辉.企业社会责任对消费者抵制内化机制研究——基于AEB理论

与折扣原理的实证 [J]. 南开管理评论, 2015, 18（01）: 52-63.

[86] 金立印. 企业社会责任运动测评指标体系实证研究——消费者视角 [J]. 中国工业经济, 2006（6）: 114-120.

[87] 齐丽云, 李腾飞, 尚可. 企业社会责任的维度厘定与量表开发——基于中国企业的实证研究 [J]. 管理评论, 2017, 29（05）: 143-152.

[88] 曾伏娥, 甘碧群. 消费者伦理信念及关系质量对消费者非伦理行为的影响 [J]. 经济管理, 2007（18）: 33-39.

[89] 吴波, 李东进. 伦理消费研究述评与展望 [J]. 外国经济与管理, 2014, 36（3）: 20-28.

[90] 秦层层. 义利观对非伦理消费行为决策的影响研究 [D]. 武汉: 中南民族大学, 2019.

[91] 吴陈. 网络匿名性对消费者非伦理行为形成的影响机制研究 [D]. 武汉: 武汉理工大学, 2019.

[92] 赵宝春. 非伦理消费情景下感知风险对行为意愿的影响：直接经验的调节作用 [J]. 管理评论, 2016, 28（02）: 116-126.

[93] 杜雪婷. 关于消费者不道德行为的影响因素文献综述 [J]. 广西质量监督导报, 2018, （09）: 86.

[94] 潘剑波. 关系强弱、结果奖惩和声誉对伦理决策影响的实验研究 [D]. 杭州: 浙江大学, 2013.

[95] 白晓鑫. 企业社会责任主题策略对消费者购买意愿的影响研究 [D]. 上海: 东华大学, 2021.

[96] 周逸斐. 基于SOR理论的电商网红对高校女生购买意愿的影响研究 [D]. 呼和浩特: 内蒙古大学, 2020.

[97] 许慧珍. 视觉呈现与移动端用户满意度——基于SOR模型的实证研究 [J]. 中国流通经济, 2017, 31（08）: 97-104.

[98] 洪施怡. 基于SOR模型讨论电子商务企业社会责任对消费者购买意愿的影响——以阿里巴巴为例 [J]. 现代商业, 2021（26）: 3-9.

[99] 魏华, 万辉. 网络零售企业社会责任对消费者购买意愿的影响——基于SOR模型的

实证 [J]. 哈尔滨商业大学学报（社会科学版），2020（03）：64-73.

[100] 黄慧丹. 平台型企业社会责任感知与顾客忠诚度关系研究 [D]. 杭州：浙江工商大学，2021.

[101] 孙绪芹. 零售企业社会责任、企业声誉与消费者企业认同相关性分析 [J]. 商业经济研究，2021（05）：108-111.

[102] 陈超华. 企业社会责任对消费者购买意愿的影响研究 [D]. 长春：吉林大学，2017.

[103] 吴定玉，辛雅洁. 企业消费者社会责任对消费者购买意愿的影响研究——基于理性行为理论视角 [J]. 消费经济，2018，34（03）：54-61.

[104] 金立印. 消费者企业认同感对产品评价及行为意向的影响 [J]. 南开管理评论，2006（03）：16-21.

[105] 杨颖. 生鲜农产品网购意愿影响因素的实证研究 [D]. 蚌埠：安徽财经大学，2015.

[106] 潘圆圆，曲洪建. 跨境电商网站质量与服装消费者购买意愿关系的研究 [J]. 东华大学学报（自然科学版），2019，45（01）：128-134.

[107] 褚维. 商业伦理教育对商学院MBA学生伦理行为倾向的影响机制研究 [D]. 兰州：兰州大学，2015.

[108] 曹光明，江若尘，陈启杰. 企业联想、消费者企业认同与消费者公民行为 [J]. 经济管理，2012,34（07）：103-111.

[109] 董伊人，赵曙明. 企业社会责任不同领域对消费者反应的影响——基于私家车购买者的实证研究 [J]. 学海，2010（05）：148-153.

[110] 张广玲，付祥伟，熊啸. 企业社会责任对消费者购买意愿的影响机制研究 [J]. 武汉大学学报（哲学社会科学版），2010（2）：244-248.

[111] 高洋，李阁新，杨凌. CSR领域对顾客购买意愿影响的实证研究 [J]. 沈阳工业大学学报（社会科学版），2017，10（03）：244-250.

[112] 张太海，吴茂光. 企业社会责任对消费者购买意愿的影响 [J]. 商业研究，2012（12）：33-39.

[113] 田歆. 消费者使用网络信息源搜寻信息努力的影响因素研究 [D]. 杭州：浙江大学，2006.

[114] 韩婧姝. 生鲜电商平台质量、感知质量对消费者重购行为的影响分析 [J]. 商业经济研究, 2021 (24): 93-95.

[115] 朱玥, 王永跃. 服务型领导对员工工作结果的影响: 亲社会动机的中介效应和互动公平的调节效应 [J]. 心理科学, 2014, 37 (4): 968-972.

[116] 戚海峰, 费鸿萍, 郑玉香. 利己/利他公益广告诉求对亲社会性消费行为的影响研究 [J]. 财经论丛, 2018, 231 (03): 88-98.

[117] 谢静, 吴昊. 全球化背景下的道德消费 [J]. 国际经济合作, 2009 (8): 69-71.

[118] 李春玲. 在线消费者感知质量对重购意愿的影响 [D]. 哈尔滨: 哈尔滨商业大学, 2020.

[119] 高翔. 消费者感知质量对线上购买意愿的影响机理研究 [J]. 商业经济研究, 2019 (06): 73-76.

[120] 齐海宁. 亲社会动机视角下扶贫农产品品牌形象感知对消费者购买意愿的影响 [D]. 上海: 东华大学, 2021

[121] 徐娟, 邢云锋, 鄢九红. 多元互动对农户参与农产品区域品牌共建意愿的影响: 心理契约的中介效应 [J]. 农林经济管理学报, 2021, 20 (01): 42-50.

[122] 赵红丹, 郭利敏, 罗瑾琏. 双元领导的双刃剑效应——基于认知紧张与工作活力双路径 [J]. 管理评论, 2021, 33 (08): 211-223.

[123] 吴明隆. 问卷统计分析实务——SPSS 操作与应用 [M]. 重庆: 重庆大学出版社, 2010.5: 194-195; 244.

[124] 吴明隆. 结构方程模型——AMOS 的操作与运用 [M]. 重庆: 重庆大学出版社, 2013: 1-2; 39-59; 158-159; 232.

[125] 朱渝梅, 李日华, 刘伟. 董事会成员背景多元化对企业创新产出的影响——基于内部控制有效性调节效应的分析 [J]. 华南师范大学学报 (自然科学版), 2020, 52 (04): 120-128.

[126] 刘元芬. 从"野性消费"看企业履行社会责任对消费者认同的影响——以鸿星尔克和蜜雪冰城为例 [J]. 现代营销 (下旬刊), 2023 (12): 41-43.

[127] 李青青, 章兴鸣. 企业社会责任的符号消费效应: "鸿星尔克现象"解读 [J]. 时代经贸,

2022, 19（10）：37-39.

[128] 李力博，秦雪锐. 苏宁易购绿色物流发展对策研究 [J]. 中国储运, 2023（12）：170-171.

[129] 陈炳均. 社区团购——美团优选、多多买菜现状分析 [J]. 中国商论, 2023（13）：5-7.

[130] 王玮. 美团青山计划五年，行业发展底色更绿 [J]. 环境经济, 2022（16）：50-53.

[131] 牛明俊，谢雨萌. 小米公司多元化竞争战略的优化研究 [J]. 中国商论, 2023（05）：97-102.

[132] 杨锦. 数字经济下小米公司高质量发展战略研究 [J]. 现代营销（下旬刊），2023（09）：101-103.

[133] 唐更华，麦泓勋，刘香. 互联网平台企业社会责任自治理——以腾讯公司为例 [J]. 经营与管理, 2022（08）：44-48.

[134] 肖黎明，陈晶晶. 战略传播与企业社会责任研究——以2020年脱贫攻坚战中腾讯扶贫CSR项目为例 [J]. 新闻战线, 2021（03）：102-104.

[135] 商勇，周玲玉，齐祥芹. 互联网企业入股证券公司：动因、经济后果及启示——以阿里巴巴入股华泰证券为例 [J]. 江南论坛, 2023（08）：45-49.

[136] 王崇锋，李安，王世杰. 二次元社区企业战略转型绩效评价研究——以哔哩哔哩为例 [J]. 财务管理研究, 2021（09）：1-10.